子ども家庭支援論

家族の多様性とジェンダーの理解

浅井春夫・所　貞之

編著

石川幸枝・艮　香織・大澤朋子・岡　桃子・片岡志保
酒本知美・島袋隆志・鈴木　勲・畑千鶴乃・早川悟志
茂木健司・結城俊哉・吉葉研司

共著

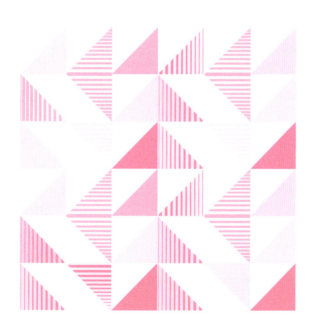

建帛社
KENPAKUSHA

はしがき

　子どもを育てることは，人生のなかで最も難しい課題となっている。子どもを生めば，家族と地域という共同体のなかで自然に子育てができる時代はとっくに過去のこととなっている。また家族をつくれば，しあわせが保障されるという期待と思い込みは幻想に等しい。そのことは子ども虐待，子どもの貧困，ドメスティックバイオレンス（DV）などの現実をみても明らかである。現代家族はお互いの努力と協力，必要なときに家族を社会的に支援するしくみが整っていることで家族生活を維持し継続できるのである。家族だけで子育ての困難やトラブルを抱え込むことはより問題が深刻化することにもなりやすいのが実際である。

　同時に家族は子どもの豊かな発達をはぐくみ，子どもが社会的に自立していく基本的な生活基盤である。親たちの共働きスタイルは一般化し，子どもを育てながら完全なひとり働きの家族スタイルを継続している家族は少数派となっている。

　子どもたちは多くの場合，家族という人間関係のなかで育っているが，その育ちや発達の状況は家族の経済力や関係性によって，人生はじめの時期を豊かにのびのびと歩むかどうかに大きな格差を生じている。

　家族生活をみれば，1990年代後半から暮らしの条件が悪化し，生活の困難は拡大・深刻化している。暮らしをめぐる統計指標をみると，1998年を転機に，①子ども虐待，②DV，③子どもの貧困，④生活保護受給率の増加などが悪化の一途をたどってきた。さらに労働環境の悪化（実質賃金の低下傾向，非正規労働の増加，長時間労働の容認など）は，働く保護者が「家族責任」（1981年6月に開かれたILO第67回総会は，「家族的責任を有する男女労働者の機会均等及び平等待遇に関する条約（156号）ならびに勧告（165号)」を採択）を果たしにくくなっている現実が確実に広がっている。

　本書の問題意識は，各章でもそれぞれのテーマと領域から繰り返し強調される「家族の多様性」と「ジェンダーの理解」に基づいた「子ども家庭支援」の基本理念（物事の根底にある根本的な考え方）と実践のあり方の追究である。

「支援」という用語は近年よく使われ，専門分野では常用語となっている。その点についていえば，私たちがめざす専門職は，支援する側に基本的に立つ仕事である。支援する側に立つときの専門職にはいくつもの"落とし穴"が待ち受けている。子ども家庭支援の関係をみれば，支援する／される，情報をたくさんもっている／乏しい，改善策を提案する／される，アドバイスする／される，励ます／励まされるなど，圧倒的には専門職側が主体的で，支援を受ける側が受け身に立たされることが多い。この事実関係のなかで考えるべきことは，支援する側の内容を，支援を受ける側がいかに受け止め，主体的に現在の状況を変えようとするエンパワメントに結びつけているかにある。支援する側＝実践者からみると"支援の対象"ではあるが，そこには主体性をもった人がいて，家族という人間集団が人生を模索している生活の実践者の現実があるという臨床の現場に立つ姿勢が問われるのである。その現実を前にして，何のために，何をめざして，どのような実践を創ろうとしているのかが専門職に求められ，たじろがない勇気が専門職に問われている。人間のいのちや人生に深く関わる実践分野であり，自らの課題を手放さずに学びを通して，考え続けてほしいと願っている。

学ばぬものに発達なし！

2019年10月

共編者　浅井　春夫

目　次

序　章　はじめに─何のために，何を，どのように学ぶのか　*1*

1．「子ども家庭支援論」とは何を学ぶ授業なのか ······················ *1*

2．本書の構成 ·· *2*

3．本書の目的と構想 ·· *3*

4．本書が大切にしている視点 ··· *4*

第Ⅰ部　家族・家庭の過去・現在・未来

第1章　家庭生活のリアリティを把握する視点　*8*

1．子どもの生活の理解と「家族」の多様性 ······························ *8*

2．結婚と「家族」の多様性 ··· *9*

3．セクシュアリティと「家族」の多様性 ·································· *11*

4．子育て家庭の生活のリアリティ ·· *14*

5．子ども家庭支援を考える視点 ··· *17*

第2章　「家族」はどう変わってきたのか　*18*

1．近代家族の成立前の家族と子育て ·· *18*

2．「主婦」による母一人の子育ての誕生 ·································· *22*

3．高度経済成長期における「主婦」の大衆化 ···························· *24*

4．現代日本社会のなかで「主婦」化する女性たち ···················· *26*

5．近代家族と近代の母親観の見直し ·· *29*

第3章　家族の機能とは何か　*30*

1．家族の現実 ·· *30*

2．子ども虐待事例からみる家族の養育 ···································· *35*

3．子どもを育てるうえでの困難―家族の現実から考える ………… *36*

第4章　ジェンダーの視点で家族をとらえる　　*39*

　　1．家族のこれまで ……………………………………………… *39*

　　2．あなたの家族観に意識的になること ……………………… *39*

　　3．家族がどのようにつくられてきたのか―そしていま ……… *42*

　　4．日本の家族の現状と課題を知る，そして行動する …………… *44*

　　5．子ども，家庭の支援を考えるにあたって ………………… *47*

第Ⅱ部　支援機能の中身を考える

第5章　地域社会と労働現場はどう変わってきたのか　　*52*

　　1．いま，なぜ「子どもの貧困」問題が生じているのか ………… *52*

　　2．貧困世帯へと導く4つの要因 ……………………………… *54*

　　3．沖縄からみえてくるもの …………………………………… *59*

第6章　男女共同参画社会と家庭における平等の具体化　　*61*

　　1．男女共同参画社会とは何か ………………………………… *61*

　　2．家族の多様化に応える男女共同参画社会とは ……………… *64*

　　3．男女共同参画社会において求められているもの ……………… *68*

第7章　子ども家庭支援のために役立つ法律・制度　　*71*

　　1．少子化に伴う子ども・子育て環境 ………………………… *71*

　　2．保育者が支援する子どもと家庭の変容 …………………… *71*

　　3．子ども家庭支援を支えるために …………………………… *73*

　　4．子どもと家庭を支援するための法律と制度 ……………… *74*

　　5．子ども・家庭支援制度の概要 ……………………………… *76*

　　6．制度やサービスを活用するための手続き ………………… *78*

目　　次　　v

　7．法制度を活用するちからを育むために……………………………*79*

第8章　子育て支援サービスの機能とその落とし穴　*81*

　1．はじめに―リフレッシュ休暇の取得と保育現場の事情…………*81*

　2．リフレッシュ休暇のとらえ方を考える………………………………*82*

　3．子育て支援策の落とし穴を考える……………………………………*84*

　4．ジェンダー平等の視点から考える子ども家庭支援……………*86*

　5．ジェンダー平等の子育てを支援するために………………………*88*

第9章　保育所による子ども家庭支援の実際と支援の方法　*92*

　1．保育所による子育て支援の原理と保育所を利用している保護者への

　　　支援……………………………………………………………………*92*

　2．地域の実態に即した保育所の地域子育て支援…………………*99*

第Ⅲ部　家庭の危機と対応方法を考える

第10章　子ども虐待・DVの現実と子ども家庭支援　*102*

　1．子ども虐待………………………………………………………………*102*

　2．DVとその対応 …………………………………………………………*107*

　3．これからの課題…………………………………………………………*111*

第11章　子どもの貧困と家庭支援　*113*

　1．「子どもの貧困」と「社会的養護」…………………………………*113*

　2．子ども虐待のとらえ直し……………………………………………*116*

　3．子どもを地域で支えるには…………………………………………*120*

　4．地域における実践例と今後に向けて……………………………*121*

第12章　「障がいのある子」をもつ家族と子ども家庭支援　*128*

　1．「障害」と「障がいのある子」の関係性をめぐって …………*128*

2. 「障がいのある子」にとって家族が, 家庭という居場所となるために
　　　……………………………………………………………………… 130
3. 「障がいのある子」の子ども家庭支援の方法 ……………… 134
4. 「奇跡の人」を思い出しながら ……………………………… 138

第13章　精神障害のある保護者と子ども家庭支援　　**140**

1. 精神障害のある保護者とは……………………………………… 140
2. 保育者として精神障害のある保護者と子どもへの支援を考える
　　　……………………………………………………………………… 146
3. 社会で支えるシステムづくり―保育者としてできること …… 149

第14章　世界の子育て支援から学ぶこと　　**150**

1. わが国の子育てをめぐる諸相……………………………………… 150
2. 世界の子育て支援……………………………………………………… 152
3. 世界の子育て支援から学ぶこと ………………………………… 159

第15章　子ども家庭支援と保育者の専門性　　**163**

1. 保育者の専門性…………………………………………………………… 163
2. 保育と子ども家庭支援………………………………………………… 164
3. 保育現場における子ども家庭支援の実際と保育者の専門性… 169

終　章　子ども家庭支援の究極の目的とは何か　　**177**

1. 子ども家庭支援の実践における視点………………………………… 177
2. ソーシャルワークと「家族」の多様性, ジェンダー平等…… 178
3. 幼児教育・保育の無償化と子ども家庭支援 ………………… 179
4. 子どもの "Life" 保障と子ども家庭支援………………………… 179

索　　引……………………………………………………………………… 181

はじめに
――何のために，何を，どのように学ぶのか

序章

1.「子ども家庭支援論」とは何を学ぶ授業なのか

　この授業は「実習」や「演習」ではなく，あくまでも「講義」である。きわめて現場的で実践的な未知の課題に取り組むことが求められている授業だが，それを座学で学ぶのが本授業である。保育実習や幼稚園実習，施設実習でも「子ども家庭支援」の実際の場に立ち会うことはほとんどないであろう。だが保育の現場に就けば，子どもの発達保障という基本的な課題を追究すればするほど，家庭と地域での暮らしを視野に入れなければ，子どもの全体像は見えないし，全面的で調和のとれた発達を育むことは難しい。

　地域は，子どもにとって生活環境そのものであり，遊びの空間であり，地域文化も含めて多くの影響を受けている。子どもの居場所と活動空間は，①家庭，②保育所や幼稚園など，③地域，④遊びや習い事などがある。子どもが暮らす家族や地域の人間関係，生活環境の変化，子どもをめぐる社会問題などに無関心な保育者であっては，一人ひとりの子どもや家族の問題を支援する道を歩むことにはつながらない。

　支援を必要としている人や家庭をどのようにとらえ，具体的な関わりをもてるようになるのかは，保育士・幼稚園教諭などがソーシャルワーカー（日常生活の不安や困難を解決・軽減・緩和するようにサポートする専門職）としての役割を担えるかどうかの分岐点でもある。実際の支援活動を通じて，支援を必要とするニーズは大きく変容していくことが少なくない。したがってさまざまな支援方法を生み出すことのできる多角的な分析視点を学んでおく必要がある。ワンパターンの関わり方ではなく，具体的な事実に即して何を，誰のために，どのような支援ができるのかを構想できるちからが必要になってくる。

2．本書の構成

　本書は全体を 3 部で構成している。

　まず「家族」と「家庭」はどのような違いがあるのかという疑問を整理しておこう。必ずしも学術的に明確な定義で統一されているわけではないが，そのうえで整理しておくと，さしあたって「家族」という用語は「夫婦（パートナー関係）や保護者（祖父母，親族，後見人などの養育者）と子どもなどの共同生活の基礎単位の集団」のことをいい，「家庭」は「共同生活をしている集団のことであり，その生活する場所」に焦点を当てた用語である。前者は人間集団に焦点を当て，後者は生活空間に力点をおいた用語ということができる。

第Ⅰ部　家族・家庭の過去・現在・未来（第 1 章〜第 4 章）

　第Ⅰ部では，家族・家庭をどのようにリアルにとらえるのかについて，生活実態の把握，歴史的な変遷，家族の基本機能，ジェンダーの視点などの多角的な視座から説明をしている。家族・家庭という実に多様な存在をどのようにとらえるかという「子ども家庭支援」の対象論の学びで構成されている。

　思い込みや理想論の家族・家庭の固定的な理解ではなく，家族の事実・現実・真実をしっかりと踏まえて，あなた自身の家族観・家庭観をとらえ直す知的挑戦を試みてもらいたい。

第Ⅱ部　支援機能の中身を考える（第 5 章〜第 9 章）

　ここでは支援の具体的中身を考えるうえで，必要な学びを準備している。「子ども家庭支援」の実践者になっていくために必要な基礎知識として，現代の地域と労働現場の変容，社会と家庭における平等政策の実際，支援で活用できる法制度，子育て支援と保育所等による子ども家庭支援の実際と課題などについて学ぶ内容が用意されている。支援者として必要な専門性の基礎知識をここでは獲得してほしい。

第Ⅲ部　家庭の危機と対応方法を考える（第10章～第15章）

　第Ⅲ部は，家庭の危機に関する特徴的な局面への具体的な対応方法を学ぶ章立てとなっている。子ども虐待・ドメスティックバイオレンス（domestic violenec：DV），子どもの貧困，障がいのある子どもと共にある家族の課題，精神障害を抱える家庭への支援など，「子ども家庭支援」で問われる問題と対応方法に論及している。

　そのうえで全体のまとめの意味をこめて，「子ども家庭支援」でどのような専門性が問われているかを，世界の子育て支援とわが国の実践の経験を通して整理している。

　このような3部構成のねらいを踏まえて，「子ども家庭支援論」というあらたな学びにチャレンジされることを心から願っている。

3．本書の目的と構想

　本書の3つの基本的な視点は，①子どもと家族についての憲法と福祉・教育の権利保障の視点，②家族の多様性の視点，③ジェンダー理解の視点である。
　具体的な内容として，以下の5つの柱を重視して各章で展開している。

①　"多様な家族""支援を必要とする家族"の実際をどうとらえるのか，それぞれの家族の直面する課題とは何かを，徹底して事実に基づいて把握できるように努力している。

②　現代の家族機能で共通している機能障害，脆弱な機能，未形成の機能とはどのような内容かを考える問題意識を形成することをめざしている。

③　「子ども家庭支援」とは何かを考え，実践的具体的に求められていることはいかなる支援内容であるのかについて問題提起する。

④　全体を通して，実践的具体的な子ども家庭支援を保育者が意識するための動機付けを正面に据えて論述している。

⑤　子育て支援策の実際のターゲットが女性・母親に向けられ，結局のところ母親責任に収れんしている現状のなかで，ジェンダー平等の観点から子ども家庭支援の具体的な方策を考えることなどをあげておきたい。

4．本書が大切にしている視点

　本書の副題は，「家族の多様性とジェンダーの理解」である。

　ひとつは「家族の多様性」という視点である。

　「家族の多様性」は，家族の現実と事実を素直にみれば実に多様であり，同じ家族形態であっても，家族構成員の関係や影響力などを考えると，どの家族もひとつとして同じ家族はない。家族の形態からみても，父母を基本にしたふたり親家族，ひとり親家族，里親家族，核家族（夫婦のみ，夫婦とその未婚の子，父親または母親とその未婚の子のいずれかからなる家族），拡大家族（子が結婚後も両親と同居し，複数の核家族からなる家族），ステップ家族（再婚や事実婚により，血縁のない親子関係や兄弟姉妹関係を含んだ家族形態。ステップファミリーと表記することもある。また，ブレンド家族（ブレンドファミリー）ともいわれる），"同性婚"家族（わが国では茨城県や渋谷区などで，同性パートナーシップに関する条例に基づいた「証明書」の発行の取組みがあるが，法制度上，同性婚は認められていない），世帯主が子どもや後見人の家族，児童養護施設の生活集団なども"拡大された家族"ということもできる。このように並べるだけでも家族は多様であるということができる。

　家族について血縁を必要条件として定義することはできないのが現実であろう。では，何が家族を成り立たせる柱となるのであろうか。日常的な生活の場を共有していること，経済生活の基盤（家計）が一緒であること，家族の文化と価値観を共有し形成していること，子どもの社会化という人格形成機能をもっていること，家族構成員の情緒的な一体化（家族としての居場所感の共有），困ったときに助け合うなど，家族であることを説明するうえで，皆さんは家族の絆で何が大切なことと思うだろうか。

　家族であるためには何を大切にすべきかという目的論で規定することもできるが，最大公約数的に家族を実体論的に定義すると，一緒に暮らすことを納得し，家庭という空間で日常的に暮らしをともにしている集団のことといえる。

　このような定義をしたとしても，子ども家庭支援論で学び，具体的な援助を必要とする家族には当てはまらないことも少なくない。

　もうひとつの視点は「ジェンダーの理解」である。

ジェンダー（gender）とは，生物学的な性差（男女だけでなく，さまざまなバリエーションがある）をセックス（sex）というのに対して，「社会的文化的に形成された性別・性差」のことと一般的には定義されている。しかし現代においては性別・性差の刷り込みを強調する問題の分析とともに，ジェンダーに関わる“フツー・一般的・世間並・常識的な”認識がどのように社会的につくられてきたのかを問うことを意識し論究されている。それは現代社会の性別二分法的な社会のしくみを批判的に検討する視点でもある。

家族のなかでの位置・役割関係を考えてみると，女性は母親役割を全うすることが社会的に求められて，家事・育児を全面的に担っている現実がある。

「2015年国民生活時間調査」（NHK放送文化研究所，2016）によると，「家事，仕事の全員平均時間，行為者率」（平日，20〜59歳）は，「既婚・子どもあり」の男性では家事時間は47分，実際に家事をしている行為者率は41％となっている。仕事時間は9時間36分で，行為者率は95％となっている。同じく「既婚・子どもあり」の女性では家事時間は6時間33分，行為者率99％，仕事時間は3時間59分，行為者率57％となっている。

調査結果をみると，男性は，既婚者になると仕事時間が大きく増えるが，家事時間は未婚（33分），「既婚・子どもなし」（26分），「既婚・子どもあり」（47分）という状況で，ライフステージの変化によってほとんど変わることがない。それに対して，女性の場合は結婚，子育て期に入ると家事時間は大きく増えていく。ジェンダー平等の視点からみると，このような家庭における男女の役割分担の状況はきわめてアンバランスであることを踏まえて，支援のあり方を検討することが求められている。

日常生活のジェンダー不平等の問題とともに，もうひとつの重要な問題はジェンダーに基づく暴力（DV，子ども虐待など）が実際に起こっていることの深刻さである。“男の暴力は致し方ない”“女性ががまんすれば治まる”“女性にも暴力を男性にふらせる責任がある”などの思い込みや事実の隠ぺいなどの深刻な問題がある。その点で家庭は“愛情という名の支配”のしくみがあることをリアルにとらえていく視点が必要である。暴力という明確な人権侵害を見逃さず，確実にサポートしていく課題が「子ども家庭支援」には求められる。その点を踏まえていえば，支援機関・団体・個人を把握し，支援のネット

ワークを形成していくことは、「子ども家庭支援」の基本的力量として問われている。その意味で保育者は、ケアワーカーであるとともにソーシャルワーカーとしての専門性が問われる職業となっている。

「子ども家庭支援」のあり方を探究するうえで、基礎的な知識を獲得し、問題意識を育み、実践的展開を構想する知的な挑戦を、本書を通して発信できることを願っている。

第Ⅰ部

家族・家庭の過去・現在・未来

第1章	家庭生活のリアリティ を把握する視点
	結婚・セクシュアリティ・子育て家庭の生活の現実

1. 子どもの生活の理解と「家族」の多様性

（1）子どもにとっての家庭

　家庭とは，血縁や婚姻によるつながりや精神的な結びつきがある「家族」などが一緒に暮らす人の集まりであり，日常の生活が展開される場である。子どもにとっての家庭は，安全・安心が保障された「居場所」であり，社会化の場でもある。

　子どもや子育て家庭をめぐっては，子ども虐待，離婚，ドメスティックバイオレンス（DV），ダブルケア，子どもの貧困など深刻な問題が後を絶たない。従来，保護者（親など）は子育ての第一義的な責任があるとされているが，もはや今日の子どもの育ちや子育ては，社会の支えなくして十分に行えないものとなっている。

（2）「家族」の多様化と多様性

　近年の「家族」は，その価値観（規範意識）や構成，形態が多様化している。それでは「家族」の役割はどうだろうか。内閣府によると，「家族」の役割として，「生活面でお互いに協力し助け合う」が2007（平成19）年，2013（平成25）年両調査で最も多い。しかし，それ以下の回答は，「夫または妻との愛情をはぐくむ」（38.4%），「子どもを生み，育てる」（36.0%），「経済的に支えあう」（33.9%）という回答が2007年よりも2013年調査で10ポイント近く上昇している（図1-1）。

　今日，「家族」を一律に定義づけることは難しいが，その形態や意識，役割は通時的に多様化し，共時的には「多様性」をもつ存在だといえよう。

2. 結婚と「家族」の多様性

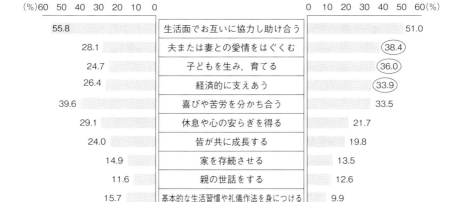

図1-1　家族の役割として重要なこと
（内閣府『平成25年度家族と地域における子育てに関する意識調査報告書』，2014）

　本章では，結婚，セクシュアリティ，子育て家庭の生活の3つのリアリティ（現実）から「家族」の多様性にふれ，今日の家庭生活を把握する視点を身に付けたい。

2．結婚と「家族」の多様性

(1) 結婚観と結婚のリアリティ

　結婚は，「家族」をつくり家庭という生活の場を設けるひとつの機会であり，重要なライフイベントとしてとらえられてきた。2015（平成27）年の国立社会保障・人口問題研究所「第15回出生動向基本調査（結婚と出産に関する全国調査）」の結果によると，いずれは結婚しようと考える未婚者の割合は，18～34歳の男性で85.7％，女性では89.3％で高い水準にあるが，「一生結婚するつもりはない」と答えた未婚者は，男性で12.0％，女性では8.0％と微増しており，明確に非婚の意思を示す者が現れている。

　「結婚」に対する考えは，図1-2に示すように，「必ずしも結婚する必要は

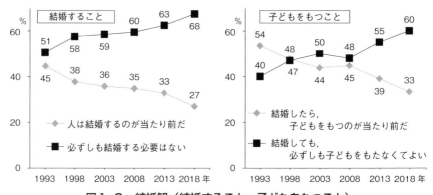

図1-2 結婚観（結婚すること・子どもをもつこと）
（NHK放送文化研究所「第10回『日本人の意識』調査」, 2018）

ない」という回答が「人は結婚するのが当たり前だ」を大きく上回り，年々その差が大きくなっている。また，子どもをもつことについても「必ずしももたなくてよい」が「もつのが当たり前」を上回り，とくに2008（平成20）年調査以降その差は広がっている。

（2）未婚の子と婚外子

　総務省によれば，全国の未婚のシングルマザーの数は，2015（平成27）年に約17万7千人と2000（平成12）年に比べ3倍近く増えている。結婚や出産が「当たり前のこと」でなくなりつつある動きを反映したともいえるが，「結婚なくして出産なし」という規範意識は色濃く残る。

　法律婚でない男女間に生まれた子のことを「婚外子」というが，厚生労働省の「平成28年度人口動態統計特殊報告『婚姻に関する統計』の概況」によると，出生に占める婚外子の割合は，アメリカ（2014年）が40.2％，フランス（2012年）が56.7％，スウェーデン（2014年）が54.6％に対して，日本（2015年）は2.3％と極端に低い。また，婚姻歴のない未婚のひとり親は，法律婚を経験したひとり親よりも法制度的な支援の対象となりにくい。

　そのなかで，非婚で出産し，子育てをする女性，いわゆる「選択的シングルマザー」の増加傾向は，「家族」の多様性の表れといえよう。

（3）再　　婚

　再婚家庭も年々増加傾向にある。夫と妻のどちらかもしくは両方が，離婚したパートナーの子どもがいる状態で再婚した「家族」のことをステップ家族（ステップファミリー）と呼ぶ。新たな「家族」においては，親子関係の構築や維持，後継ぎや遺産相続などの問題が生じるケースがみられる。

　民法には，離婚成立300日以内に出産した子どもを前夫の子どもと推定する規定がある。そのことで，生まれた子どもが前夫の戸籍に入らないよう出生届を提出できずに，子どもが無国籍となる「無国籍児」の問題が生じている。

　結婚は，それ自体が法律に基づいた制度であることから，当事者が制度の内にいるのか外にいるのかにより「家族」のあり様や子どもの育ち，子育てにも影響が及んでくる。

3．セクシュアリティと「家族」の多様性

（1）セクシュアリティとは

　セクシュアリティ（sexuality）とは，性のあり様を意味する。セクシュアリティは，性的指向（sexual orientation），生物学的性（biological sex），性自認（gender identity），社会的性役割（gender role）という4つの観点からとらえられる。

　社会的性役割（性的役割）は，生物学的性に対して「社会的文化的に形成された性別・性差」を表す「ジェンダー」に期待される行動や役割をさす。見た目，服装，言動などに対して「女らしさ」や「男らしさ」を求めることもある。わが国は「男は仕事，女は家事・育児」という性別二分法的な夫婦分業志向が支配的であったが，「家族」の多様性への認識の広がりとともに変化しつつある。

（2）セクシュアル・マイノリティと「家族」の多様性

　セクシュアリティは個々に違っていてよいはずであるが，社会のなかでは「これが普通」，「こうあるべき」という性に対する考え方があり，それと異なるとき「セクシュアル・マイノリティ（性的少数者）」と呼ばれることがある。

　セクシュアル・マイノリティをさす表現のひとつLGBTをめぐっては，表1

12　第1章　家庭生活のリアリティを把握する視点

表1-1　LGBTと「家族」の多様性に関わる制度的動向

年	制度的な動き
2004	「性同一性障害者特例法」施行。「子の福祉に悪影響がある」との理由で，未成年の子どもがいる親は性別変更できない。
2014	性同一性障害で男性から女性に性別変更した30歳代女性が，結婚後，児童養護施設から引き取った男児との特別養子縁組を申し立て，わが国で初めて大阪家庭裁判所に認められた。
2018	北海道は，一方が性同一性障害のカップルを里親として認定した。
2018	性同一性障害を理由に女性から男性へと性別を変更した人が子どもの「法律上の父」であると，最高裁によって認められた。この夫婦は，妻が第三者から精子の提供を受けて子どもをもつことになった。
2019	茨城県は都道府県で初めて，LGBTのカップルを夫婦同様のパートナーとして認める「パートナーシップ宣誓制度」を開始した。

-1のように，近年，「家族」の多様性の認識を新たにする制度的な出来事が起きている。

　その他，前夫との離婚後に子連れのシングルマザーが同性パートナーと新たに子育てしている「家族」や，精子提供を受けて出産し同性パートナーと子育てしている「家族」など多様な「家族」が次々と出現している。

（3）子どものセクシュアリティ

　子どものセクシュアリティに関わる問題・関心やその対応については，大人のLGBTの社会的認知よりも非常に遅れている。

　現在，LGBTの子どもが相談やケアを受けられる専門的な組織や機関は少ない。LGBTの子どもが学校生活でのさまざまな傷や心の葛藤を抱えていたり，学校の教職員がその対応に悩んでいたりするケースも少なくない。

　そのため，文部科学省は2015（平成27）年に性同一性障害などのLGBTの子どもに対して配慮を求める通知を全国の国公私立の小中高校などに出した。

　子どもの「性のあり様」に対して，保護者（親）の責任はどこまであるのか，子育てという行為が，子どものセクシュアリティにどれほどの影響を与え得るのか，子育て家庭を支えるために見落としてはならない視点である。

（4）ジェンダーの理解と子ども家庭支援

社会的性役割は，「ジェンダー」に期待される行動や役割をさす。わが国の子育ては，強い「性別役割分業」の下に行われ，現在もその影響は大きい。図1-3にあるように，いわゆる「男は仕事，女は家事・育児」という性別二分法的な分業志向に対して「反対」が「賛成」を上回ったのは，ごく最近のことである。

またわが国の子育てにおいては，「三歳児神話」や「母性神話」といった母性観，女性観の影響が少なくない。国際連合児童基金（UNICEF：ユニセフ）は，日本における男性に対する育児休業（育休）の制度の充実度が41か国のうち1位であるのに対して，育休取得率は非常に低い（厚生労働省調べで6.16％）という「特異性」を指摘している。

さらに，女性の社会進出が進み，共働き家庭が増えるなかで，内閣府によると，1日当たりの家事・育児時間は妻が7時間34分（うち育児時間は3時間

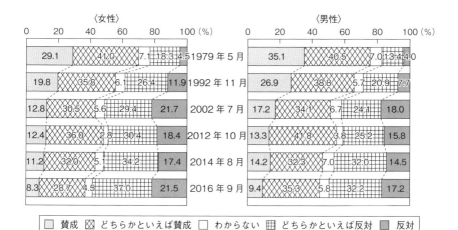

（備考） 1．内閣府「婦人に関する世論調査」（1979年），「男女平等に関する世論調査」（1992年），「男女共同参画社会に関する世論調査」（2002年，2012年，2016年）及び「女性の活躍推進に関する世論調査」（2014年）より作成。
　　　 2．2014年以前の調査は20歳以上の者が対象。2016年の調査は，18歳以上の者が対象。

図1-3　「夫は外で働き，妻は家庭を守るべきである」という考え方に関する意識の変化

（内閣府『平成30年版男女共同参画白書』，2018）

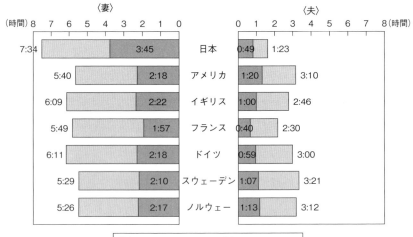

(備考) 1. 総務省「社会生活基本調査」（2016年），Bureau of Labor Statistics of the U.S. "American Time Use Survey"（2016）及びEurostat "How Europeans Spend Their Time Everyday Life of Women and Men"（2004）より作成。
2. 日本の値は，「夫婦と子どもの世帯」に限定した夫と妻の1日当たりの「家事」，「介護・看護」，「育児」及び「買い物」の合計時間（週全体平均）。

図1-4 6歳未満の子どもをもつ夫婦の家事・育児関連時間（1日当たり，国際比較）
(内閣府『平成30年版男女共同参画白書』, 2018)

45分），夫は1時間23分（うち育児時間は49分）と大きな差がある（図1-4）。女性の家庭内の「負担／活躍」が軽減されないなかで，女性活躍推進法（正式法名：女性の職業生活における活躍の推進に関する法律）の施行のように，家庭外での「負担／活躍」を増す社会規範が登場している。

こうした社会的性役割の偏りが，子どもにとって「家族」がきゅうくつで，育ちを妨げるものとならないよう，子ども家庭支援においては，ジェンダー平等を視野に入れた取組みが求められる。

4．子育て家庭の生活のリアリティ

今日，子育て家庭が抱える生活上の課題は深刻化かつ複雑化している。子ども家庭支援は，子育て家庭の現実（リアリティ）を的確に把握し，理解することからはじまる。ここでは，これまでみてきた結婚やセクシュアリティ以外の

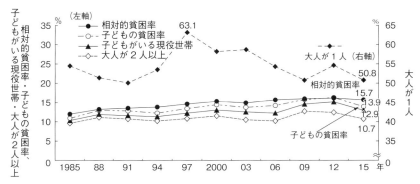

注： 1） 1994年の数値は，兵庫県を除いたものである。
　　 2） 2015年の数値は，熊本県を除いたものである。
　　 3） 貧困率は，OECDの作成基準に基づいて算出している。
　　 4） 大人とは18歳以上の者，子どもとは17歳以下の者をいい，現役世帯とは世帯主が18歳以上65歳未満の世帯をいう。
　　 5） 等価可処分所得金額不詳の世帯員は除く。

図1-5　貧困率の年次推移
(厚生労働省「平成28年国民生活基礎調査の概況」，2017)

視点から子育て家庭の生活上の課題をとらえていこう。

（1）子どもの貧困

　厚生労働省「平成29年国民生活基礎調査の概況」によると，子どものいる世帯（熊本県を除く）のうち62.0％，「母子世帯」の82.7％が，生活が「苦しい」（「大変苦しい」＋「やや苦しい」）と回答している。

　子どもの生活困窮上の問題は「子どもの貧困」と呼ばれる。図1-5のように，子どもの貧困率は13.9％で，7人に1人が貧困状態にある。また，大人が1人（ひとり親）の家庭の貧困率は50％を超えている。

　生活困窮家庭の子どもは，経済的理由により医療機関の受診を控えたり，進学をあきらめたりしているという。生まれた家庭の経済格差は教育格差を生み，将来の所得格差につながる。その意味で，世代間の「貧困の連鎖」を断ち切ることが課題とされている。

　子どもの貧困対策としては，無料の学習塾による学習支援や「子ども食堂」，「こども宅食」など，食を通した生活支援などが全国的に広がっている。

（2）子ども虐待とDV

　全国の児童相談所の子ども虐待相談対応件数は毎年過去最多を更新続けているが，その背景にはDVの増加がある。DVの通報を受けた警察が，心理的虐待である「面前DV」を受けた子どもを発見するケースが急増している。

　被害を受けた子どもは，「家族」のなかの不和を自分の責任として罪悪感をもったり，心的外傷（トラウマ）や脳の損傷を負ったりすることもある。

　子ども虐待は，子どもに生涯にわたる生活の困難さをもたらしかねない，「家族」が引き起こす，子どもに対する最悪の人権侵害行為である。

（3）「しつけ」と親権

　「しつけ」は，子どもが礼儀作法を身に付け，自律心をもって他の人と共同して生きていく力をつけることをいう。子ども虐待を行った親が「しつけのつもり」と行為を正当化するのは，親権，とくに「懲戒権」と呼ばれる民法上の規定があるためである。

　懲戒権（民法第822条）は，子の利益のためであれば，必要な範囲で「懲戒」できるとされる。「懲戒」が認められる範囲は明確でないが，2019（令和元）年，児童虐待の防止等に関する法律（児童虐待防止法）と児童福祉法の改正により，親権者によるしつけと称した体罰の禁止が明記されるとともに，施行後2年をめどに懲戒権のあり方が検討されることになった（第10章参照）。

（4）未就園児の「無園児」問題

　内閣府によると，3歳以上の未就園児はおよそ10万人いるとされ，保育所などの幼児施設に全く通っていない子どもが相当数含まれている。

　これら子どもの家庭は，貧困層，親が外国人，多子などの状況が重複していることが明らかになっている。このような多様な「家族」の下で育つ子どもは，就園時期の前後から社会との接点が希薄で無縁化していくことから「無園児」とも称される。とくに，親が外国人の場合，言葉の問題などで，就園の手続きが理解できずに未就園のままとなるケースが多い。さらに，外国籍の子どもは義務教育の対象ではないため，小学校の「不就学」の問題も生じている。

5．子ども家庭支援を考える視点

　本章では，子どもや子育て家庭がおかれている現実（リアリティ）にふれてきた。それは，「家族」の多様性にふれることでもある。

　国連の「児童の権利に関する条約（子どもの権利条約）」をみると，その前文で，子どもは「家庭環境の下で幸福，愛情及び理解のある雰囲気の中で成長すべき」であり，「家族」は子どもの「成長及び福祉のための自然な環境として，社会においてその責任を十分に引き受けることができるよう必要な保護及び援助を与えられるべき」としている。

　子ども家庭支援は，「家族」の多様性について理解を深める視点を備えて，家庭生活における子どもや「家族」にとっての安全網（セーフティネット）として，社会とつながり，社会につなぐ役割を果たすことが求められよう。

[参 考 文 献]
・内閣府『平成25年度家族と地域における子育てに関する意識調査報告書』，2014
・厚生労働省「国民生活基礎調査の概況」，各年
・内閣府『平成30年版男女共同参画白書』，2018
・NHK放送文化研究所「第10回『日本人の意識』調査　結果の概要」，2019

「家族」はどう変わってきたのか

第2章

「近代家族」の成立による「主婦」化する女性の孤立と貧困

　「家族って何だろう？」と，考えたことはあるだろうか。絵本でもテレビドラマや映画でも家族の物語が常に流れ，それを見ていると涙してしまう。いつの時代も，どんな大変なときでも，愛情ある家族の形は不変だと。そしてその団らんの中心には「母」がいると…。

　筆者のゼミでは，『ルポ　虐待』（杉山春，ちくま新書，2013）を読むことにしている。2010（平成22）年，大阪で2人の子どもが親のネグレクトによって死亡するという事件が発生した。事件当初，加害者である母親への厳しいバッシングがマスコミを中心に起こった。「ひどい母親」，ゼミ生のほとんどがそう感じる。しかし，読み進めていくうちにゼミ生に変化が生じる。「私も彼女と同じかもしれない」「彼女だけを悪者にはできない」，彼女が虐待にいたる背景のなかに，もしかしたら自分がいたのかもしれない，と考え始めるのだ。杉山は著作の最後にこう述べる。「彼女は，最後までいい母親でいたかった」のだと，「彼女の悲劇は母親からおりることができなかった」ことにあると。

　「母親をおりる」，正確にいえば近代家族における「母親像」に縛られることから脱していくことが子育て支援・家族支援の大きな課題だ。本章では伝統や不変だと思われている「家族像」や「母親像」が，日本の近代社会が成立する中で創られた比較的新しい産物であることをみていくことにする。

1. 近代家族の成立前の家族と子育て

　近代家族の成立の前に，近代家族が成立する以前の家族と，そこで，どのような子育てが営まれていたかを，香山リカ[1]がわかりやすくまとめているのでそれを参考にみていくことにしよう。

（1）「父親」による子育て

　近年の歴史研究（家族史）は江戸時代の民衆文化を明らかにしていて，このなかに，江戸時代の子育てを対象にしたものがある。これらの研究のなかでわかったことは，江戸時代には「父親」が子育てを担っていた，ということだ。香山は婦人問題研究の先駆けとなった山川菊栄の次の文章を引用している[1]。

　「家を尊ぶ建前から，息子の躾け（しつけ）については学校と母親に任せておく者の多い今の父親より，当時（江戸時代）の父親の方が熱心でした。というより男児の躾けは父親の受け持ちであったという方が適当なのかもしれません」（山川菊栄『武家の女性』岩波文庫，1983）

　山川の指摘は武家の男の子育てに限られているが，子育てにおける父親役割の大きさがわかる。

　江戸時代に父親役割が強調されるのには2つの理由があった。ひとつは，上述するような武家社会で「家」，つまり，血筋を守っていくということが重んじられ，その継承者である長男を跡継ぎとして育てていく役割は父親が担っていたからだ。家父長的文化を守るのは男の仕事であり家父の長である父親，ということだ。

　もうひとつの理由は切実だ。当時の出産がどれだけ危険な営みかを考えてみよう。今でこそ出産で命を落とすことは少なくなったが，医療や保健・衛生状態がよくなかった当時は，出産によって，子どもや母親が命を落とすことが少なくなかった。このような状況では「母親が一人で育てるのが当たり前」では子育てはできない。そんなリスクを負えば子どもは命を落としてしまうだろう。そこで，生き残るものとしての父親が子育てを担う方が現実的，ということになる。このような当時の状況では，武家以外の民衆も，実の母親のみが子育ての責任を負うことは困難だった，と容易に推察できる。

　「『人づくり』は，父が死ぬまで完結せず，父の一生は『人づくり』の連続だった」[2]

　これは歴史研究家の小泉吉永の言葉の引用だ。当時の寿命が50年，子どもを多く産んで，子どもが亡くなるリスクに備えるために，また，農作業など健康な労働力として活用するために，いかに父親が子育てに労力をかけその一生を捧げたかが理解できるだろう。

（2）父親向けの育児書

　おそらく，当時の父親は育児に悩んだのだろう。血筋を守るための子育ての責任すべてを担わされるのだから。子育てに悩んだ父親は何かに頼るしかない。実は，江戸時代に発刊された書物のなかに父親向けの育児書があるのだ。当時，育児書を読むのはほとんどが父親だったという。育児書の作者も儒学者などの学者が多く，林子平という経世家は『父兄訓』，また儒学者の中村新斎は『父子訓』という父親向けの子育て指南書を書いている。『父兄訓』には次のようなことが書かれている。

　「哀しいかな，人の父たるもの，交合して子を生むわざを知るといえども，子を教ゆる道を知らざるなり」[2]

　性的関係を通じて子どもを生む方法は知っていても，子どもを教え育てるそのあり方をまったく知らない，男はなんて嘆かわしいものか…。これを女性に変えれば現代の母親バッシングとほぼ一緒だ。

　このように，江戸時代の武士階級では「父親中心の子育て」が重んじられていた。このことが正しいか否かということではない。「子育ては父親」という考え方に席巻されていた，という事実に着目しよう。そして，どうすれば子どもを育てられるかがわからず，育児に悩み，育児書に頼った育児不安の父親という父親像を確認したい。そして男性が担うにしても女性が担うにしても，一人で子育てをするということは困難なことであり，そこに必ずといっていいほど育児への不安が表れるのだ。

（3）町や村で子育てを支える協同的なシステムとしての「仮親」

　このようにみると，父親にしても母親にしても，一人だけで子育てはできない，ということがみえてくるのではないか。前述したが，当時の産育環境は医療・衛生環境が整っておらず，生まれた子どもや産む母親が命を落とすことが少なくなかったので，母親だけに頼るわけにはいかない。また，当時は，粉ミルクなどはなく，母乳が出ない母親や，父親だけでは子どもを育てることはできなくなってしまう。このようなとき，江戸時代の民衆は，村落共同体で助け合いながら子どもを育てる，子育てのセーフティネットを構築していたことがわかっている。そのひとつが「仮親」というシステムだ。

子育ては父あるいは母一人ではできない。そこで近隣で子育てを助け合うのだが，このとき，関わってくれた人と親契約を結び，その子が大きくなるまで親として関わり続けてもらうのだ。例えば，出産時に産婆とは別に出産を手伝う人がいる，そのなかの一人にへその緒を切ってもらう。へその緒を切ってくれた人は「取上親」と呼ばれ，この子が大きくなるまで「育ての親」として関わる。また，前述のように母乳の出ない母親や父親が子育てする場合には，母乳の出がよい近所のお母さんに母乳を飲ませもらっていた。このような習慣を「もらい乳」という。「もらい乳」を飲んだ子どもは健康になるといわれ，通過儀礼として「もらい乳」を行うこともあった。この乳を授けた人を「乳親」と呼び，生涯の「育ての親（仮親）」になってもらうのだ。

また，ある地域では「捨て子」をして「仮親」をつくった。前もって打ち合わせをして道端に生まれた子どもを置いておく（捨てるということになる）。この捨てられた子どもを「拾った」人を「拾い親」といい，この「親」も，生涯を通じてその子に関わることになる。

沖縄には「守姉（ムレネー）」による子育て習慣があった。地域の子どもが1歳くらいになると血縁の寄らない村落共同体の "お姉ちゃん" が親代わりになって子どもの面倒をみたそうだ。筆者が沖縄で仕事をしていたとき，80歳を過ぎた男性から守姉に育てられた話を聞いたが，親よりも厳しく，泣かされたこともあったそうだ。「親子」関係は大きくなってからも続き，成人したときに育てられたお礼をしにいったという。このように，形態は地域によって異なるが，「育ての親としての仮親」を複数つくり，そのネットワークの中で子どもを育てたのだ。

江戸時代の子育ては，母親だけで子育てをするという育児文化は存在しなかった。武家階級では子育てに悩む孤立した父親が育児書に頼った。また江戸の民衆たちは「仮親」をつくり子育て支援のネットワークを形成し，社会のなかで，協同で子育てを行っていた。このようにみていくと，人類の「子育て」は本質的に「協同的」である，と考えたほうがいいのかもしれない。

2.「主婦」による母一人の子育ての誕生

　前項では，江戸期の子育てをみた。江戸時代は女性だけが一人で子育てをする，という形態は存在しなかった。そのような営みが形となって現れるのは日本の近代化が進む大正期だ。実は，母親の手だけでの子育ては，伝統的なものではなく，日本の近代化という，新しい時代変化の過程のなかで形成されたもので，ここに「主婦」という新しい女性の形態が誕生してくる。では，どうして近代化が「主婦」の誕生を促したのか。その背景をみていくことにしよう。

（1）近代国家＝富国強兵と男性性

　日本の近代化は，強い国家を形成することから始まる。近代化が遅れた日本は，このままだと，イギリスやアメリカといった列強諸国の属国になってしまうという危惧があった。強い国家をつくる，このことが日本の支配層の課題であった。強い近代国家をつくるには「富国強兵」が条件だった。「富国」とは，工場を建設して大量生産を可能にし，工業国として豊かな産業経済を構築する（殖産興業）ことだ。「強兵」これは，近代国家として強い軍隊をもち，いつでも国家同士の戦争ができるようにすることだ。そのためには生きのいい兵士や労働者を，広く国民から徴用できるようにする必要がある。労働力と兵力，これを担うために男性性が求められるようになった。「男は外で仕事（国を守る）」，そして「女は家庭を守る」，このような男女の役割分担は，「富国強兵」という近代化（正しくいうと西洋的近代化）が生み出した産物だった。

（2）新しい階層と「主婦」の誕生

　近代化は，工業化を必要とする。企業の，工場による大量生産という新しい生産形態は，都市部に会社勤めをする，営業や生産管理，会社経営を担うサラリーマン（ホワイトカラー）という新しい富裕層の労働者を生み出した。このサラリーマンを担ったのが，地方の富裕な農家の次男や三男だ。彼らの本家を継ぐのは長男だけなので，地元にいても食べていくことができない。そこで，東京や大阪といった都市部に出てサラリーマンとなっていった。彼らは“いいところの坊っちゃん”なので，エリートサラリーマンとなっていく。田舎に帰

っても継ぐ家はないので，都市で伴侶に出会い，結婚して新しい家族をつくる。彼らがつくる家族は，地縁・血縁から独立した家族で，「父―母―子ども」という最小限の構成で生活を営む。これが，近代家族の特徴であり，このような小さな構成の家族のことを「核家族」という。

　さて，このようなエリートサラリーマンが妻として求めた女性はどのような人たちだったのだろう。彼女たちこそが新しい社会を担う新しい「母」となるための教育（女子教育）を受けてきたエリート女性だった。

　明治政府は勅令として「高等女学校令」を公布した。この法令の中で高等女学校の女子教育の必要性を次のように説明している。

　「健全なる中等社会は独り男子の教育を以て養成し得べきものにあらず。良妻賢母と相俟ちて善く其家を斉へ始て以て社会の福利を増進することを得べし，故に女子教育上の一大欠典と言はざるべがらず（中略）高等女学校の教育は其生徒をして他日中以上の家に嫁し，賢母良妻たらしむるの素養を為すに在り，故に優美高尚の気風，温良貞淑の質性を涵養すると倶に中人以上の生活に必須なる学術技芸を知得せしめんことを要す」[3]

　近代社会を支える中流社会（中等社会）は男性のみでつくれるものではない。女性が，新しく「良妻賢母」として育たなければその実現は不可能である。そこで「良妻賢母」という新しい女性像を実現するために，女子教育を施す高等女学校を設立する…。ここには，女子をして「良妻賢母」となることの必要性が書かれているのだ。良き妻となり家庭で夫を支え，賢い母となり国家の人材養成を担う。高等女学校に通う女性は新しい国家を担うエリート女性として「良妻賢母」となることを求められたのだった。そして彼女たちは前述したエリートサラリーマン男性と結婚し，「主婦」となっていったのである。

　彼女たちの子育てには共通点があった。家計は夫の会社勤めに依存し，その給料で支えられていること。子育ては妻となった母親が行うこと。親族から離れた形なので母一人で子育てを行うこと，である。母親のみが家庭のなかで子育ての責任を負う。「良妻賢母」というエリート女性とその子育てという近代家族の子育ての象徴がここに誕生したのだ。

　「主婦」による「母親の手による子育て」は，強い近代国家を形成するための人材養成政策の下で誕生した。そして「良妻賢母」は，日本の古き良き伝統

ではなく，近代国家形成の国策として誕生したのだった。ただ，大正期の「良妻賢母」は，富裕層という階層に限られていた。この「良妻賢母」という「主婦層」が大きく広がるには，高度経済成長期まで待たなければならない。

3. 高度経済成長期における「主婦」の大衆化

　前項では核家族の特徴をもった近代家族と，家事や育児を一手に引き受ける「主婦」が大正期に誕生した過程をみてきたが，核家族を基本にした近代家族化は，大正期には，まだ富裕階層に限られていた。これが一般化するのは戦後，しかも1960年代から始まる高度経済成長期のことだった。高度経済成長とは，隣国で勃発した朝鮮戦争に必要な軍事物資の調達・生産をきっかけに日本が工業国として急速に成長していく時代のことをさす。東京・名古屋・大阪・福岡等に巨大な工業地帯がつくられ，そこでさまざまなものが大量生産されていった。このような工業都市に必要なもの，それが若い労働力だった。若者たちは「金の卵」と呼ばれ，地方から大量に呼び集められた。彼らは，地方に戻ることなく，都市部で結婚し，家族をつくることになる。地縁・血縁からから遠く離れた家族，「核家族」が都市部で増加するのだ。

　さて，都市で広がる「核家族」のなかで，都市で暮らす女性は2つの選択に迫られた。仕事を続けるのか，やめるのかの選択だ。この当時の女性の多くが選択したのは，仕事をやめて子育てや家事に専念することだった。

　彼女たちは，家庭を維持するための経済的負担を夫（父親）に依存する一方で，自分の役割は家事と育児であると考え，わが子を立派な人間に育てることに力を入れる。この時期，都市部に「教育ママ」と呼ばれる母親が増加したのはこのような背景からだった。教育社会学者の広田照幸は，「しつけは家庭の責任」ととらえ，現代の親や家庭の「教育力が低下」しているという風評に異論を唱える[4]。広田は過去に行われた農村部調査を掘り起こし，明治期の農村では「家庭でしつけがされた」という事実はほとんどなく，多くのしつけが地域や学校で行われたことをつきとめたのである。それではどの時代にしつけが家庭に下ろされていったのか，それが都市部の富裕層では大正期，大衆化していくのは高度経済成長期，ということになるのだ。それだけではない。都市部の子どもたちは，成人して働くようになると，親の仕事を継ぐのではなく，自

分で働き場所を探して稼がないと生きることができない。母親たちは，子どもがいい就職先を選べるように，できるだけ高い学歴を子どもに授けようとする。このため家庭は，学校から帰宅しても塾に行かせたり，家庭教師をつけたりして子どもに教育を施すようになる。「教育家族の誕生」と「教育するママ」がここに大衆化する。

　「教育を重んじる家族」においては，学校で勉強ができるかできないかという評価が親にも浸透し，親もわが子を学校の勉強ができるか否かで評価しがちになる。これを「家庭の学校化」と呼ぶ。社会で失敗しないためにできるだけ高い学歴をわが子に保証することが家庭，とくに母親の責任となっていく。その後，母親の子育てや教育への責任は増加することはあっても減少することはない。

　このことから広田は，家庭や母親の教育力が低下しているのではなく，社会からの家庭への子育て教育責任の転嫁がより増加し強化されている，とみた方が適切だと指摘するのだ。事実，今日，家庭責任と称し母親が子育てにおいて責任を果たさなければいけない状態は「早寝・早起き・朝ご飯」といわれる生活習慣，社会的規範を守らせる「しつけ」，そして家庭教師や塾で学力の補償をする「学校の下請け」，さらには子どもたちのレジャーやスポーツ活動などの「子どもの余暇のマネジメント」と，膨大にふくれあがっている。

　そのひとつに学校の宿題の見守りもある。親（母親）が答え合わせをして捺印をするのは当たり前，先進的な学校は，何分でできたかを親が記入することを求めていると聞く。1990年代に子どもたちの孤食が問題になったときのこと，孤食傾向の子どものなかに，「親がそばにいるのに一人で食べる子ども」が現れた。その子どもたちは，「親と食べたくない」というのだ。彼らの言い分はこうだ。「お母さんと一緒に食べると，『宿題やったの？　テストはどうなの？　塾はどうなの？』とばっかり聞いてくるから楽しくない，一人で食べた方がまし」…。彼らの気持ちは理解できる。家に帰ったときくらい学校は忘れたい，なのに，お母さんといると学校の先生と話しているみたいに窮屈なのだ。この頃の子どもたちが成長し，大人になってからも「母が重くてたまらない」（信田さよ子の著書の題名だ）と悩む人たちが現れた。家族という親密性の高い場における人々の分断と孤立の陰が近代化された家族のなかに見え隠れ

するのだ。それでも私たちは思わなければない。「家族が一番」だと，「家族を大切にしなければならない」と。

　このように，高度経済成長期に大衆化した「専業主婦」を中核とした核家族による子育ては，社会の求める教育圧力を常に吸収する。歴史が進むにつれ，家族の子育ての責任は，子どもの生活すべてに全方位化する，これらをすべてマネジメント（管理）するのが，とくに「主婦」として母親の責任となるのだ。彼女たちに失敗は許されない。

　子どもの失敗は親の失敗，子どもの成功は親の成功を意味する。こうなると，親はわが子を完璧な子どもに育てなければならなくなる。「パーフェクトな子ども」を育てる「パーフェクトな親」にならなければ親として失格だ。このような強迫観念が親，とくに母親たちにのしかかるようになるのだ。

４．現代日本社会のなかで「主婦」化する女性たち

（1）働く女性も「主婦」化する

　大正期に誕生し高度経済成長期に大衆化した近代家族によって，女性が家庭に囲われ「主婦」になる。このことによって，女性は母になると家事労働と子どもの教育を一手に引き受けるようになり，「完璧な母親になる」ように仕向けられていく。ここでは子育てのみを考えているが，母になった「主婦」は，自分の親のみならず夫となった親の老後の見守り，つまり介護も背負うことになる。

　家事労働とわが子の養育・教育の管理，そして親の介護が「主婦」の役割だとすれば，それらは，専業主婦だけに担わされるものなのか。そうではない。高度経済成長期に形成されたもうひとつの家族の形態も例外ではない。もうひとつの女性の選択，結婚しても働き続ける，共働き世帯の「母」にも担わされるのだ。

　当時，女性が子育てをしながら仕事を続けるのは非常に困難だった。女性が働き続けるためにはひとつの条件が必要だった。「仕事」と「家事・子育て・介護」を両立することだ。今のようには保育所の数が足りなかったからだ。また，当時の保育所は17時で閉まるのが当たり前，遅くても18時，早ければ16時でおしまい，というものであった。対象年齢も，満３歳からが普通で，育児

休業（育休）が明ける1歳から預けられる保育所はほとんどなかった。つまり，多くの女性が，母になると，仕事を続けることを諦めざるを得なかったのである。

　家族社会学者の落合恵美子は高度経済成長期を境に，女性は，ライフステージにおいて母になるという選択をした場合，「専業主婦」になろうと「共働き」であろうと，近代家族における「主婦」にならざるを得ない，と指摘している[5]。家族の近代化は，女性を「主婦」化する。「主婦」化された女性は「子育て」や「介護」を含む家事労働の一切を押しつけられるのが普通だ。これらのことができることが当たり前，できないと周囲からバッシングを受けることになる。竹信三恵子が「家事労働ハラスメント」[6]と呼ぶ「主婦」の状況は，男女雇用機会均等が当たり前の現代でも変わることはない。

（2）女性の貧困化を促す3つの政策

　先に参考にした竹信[6]は，日本の女性が貧困化する要因が，男女雇用機会均等法制定の1985（昭和60）年以降に始まる3つの制度の制定にあるとしている。

　第一は男女雇用機会均等法だ。これは1985年，雇用における差別をなくそうと制定された法律だ。それまで，看護師など特殊な職種以外，深夜労働や休日出勤を行う仕事を女性が行うことは女性保護の観点から制限されていた。さまざまな職種を女性にもひらいていく，という考えは悪くはないが，労働条件を女性保護の立場で見直すのではなく，同じ仕事をするのなら女性も平等に男性がおかれている条件で働く，という発想をした。女性の深夜労働や休日出勤を禁じていた女性保護的条項の段階的撤廃をしていったのである。男性と同じように働き続けるならば，深夜までの長時間労働や休日出勤が必要条件となったのだ。では，結婚をして子どもが生まれた場合，女性はどうすればいいか。産前・産後休業（産休）や育休が明ければ，長くても1年経てば，女性は男性と同じ条件で働かなければならない。パートナーの理解がなければ，家事や育児，場合によって介護などは，家庭内の仕事として女性が行うことを前提に働かなければならない。それが可能な女性が日本ではどれだけいるだろうか。子育てを期に女性は仕事をやめざるを得ないということが，男女雇用機会均等法

制定以降も女性のキャリアに重くのしかかる。近年の過労死に若い女性が多いのはこのような正社員の過酷な労働実態の象徴だろう。

政府は2019（平成31）年に「働き方改革」と称し，やっと残業時間の上限について重い腰を上げたが，月100時間以内という条件は過労死的な残業状況を追認するに過ぎない。このような条件を受け入れて仕事をし，かつ，育児・家事，そして介護を担うことが「主婦」化した環境のなかで女性に強いられるのだ。

第二は労働者派遣法[*1]だ。労働者派遣法は上述した状況の中で正社員からこぼれてしまっても働き続けたい女性たちの受け皿として制定された。派遣労働者の雇い先は派遣先の会社ではなく派遣会社だ。しかし，雇用の要不要を決めるのは派遣先なので，切り捨てることは簡単だ（派遣切り）。働く時間を自由に柔軟に決められると思われていたこの制度は，使い捨てのように労働者を扱う制度といえる。雇用条件を決めるのは雇用者である以上，生活条件を優先することが許されないことは正社員と変わらない。いや，必要なくなれば切られ，不満を口すればば切られる危険性は派遣労働者の方が大きいだろう。それでも「主婦」としての「家事労働」を重んじる母は，そのやりくりのために派遣労働に囲われていくのである。

そして第三は「第三号被保険者制度」だ。国民年金制度は耳にしたことがあるだろう。高齢になったり，何らかの障がいが発生したりした場合にその生活を社会的に保障する社会保障制度のことで，わが国では国民が保険料を支払いながら制度を支えている（社会保険制度）。しかし，「妻」となり，会社員・公務員といった「第二号被保険者」に扶養された場合は，「第三号被保険者」になれるので，保険料を自分で払わなくてよい，という制度だ。ただし，「扶養下」と認定されるためには扶養される当人の年収が130万円未満であることが条件となる。そのため，パート勤めで130万円を超えないように働こうとする専業主婦が増加する。夫の給料の足しとはいえ，プラス130万円でどれだけ家計が豊かになるだろうか。結果としてこの制度は「（専業）主婦の優遇」ではなく，「（専業）主婦の貧困化」を生み出すことになってしまった。

＊1　現在の正式法名は「労働者派遣事業の適正な運営の確保及び派遣労働者の保護等に関する法律」である。

このように，女性は，母になると「主婦」化を余儀なくされる。そこに待っているのは，母親としての膨大な家事負担だ。母が働き続ける場合にはその家事負担との両立，働き続けなければ経済的な貧困化が待っている。子ども家庭支援においては，このような家族の社会状況を構造的に理解することがどうしても不可欠なのである。

5. 近代家族と近代の母親観の見直し

　動物園のチンパンジーの雌は，孤立した状態で出産をすると，その出産時の苦痛と，自分から這い出てきたものが「わが子」であることがわからないために，自分を苦しめた「物体（わが子）」を殺してしまうという。このことは動物園で育てられた象にもいえるそうだ。高等哺乳類は，その進化の過程のなかで，群れのなかで子育てを行うようになったために，群れから断絶すると子どもの育て方がわからなくなってしまうのだろう。このように考えると国家政策の下でつくられた近代家族は，家族を切り刻みすぎて子育てを行う十分な条件が整ってはいないことがわかる。生命の進化の過程をたどれば，「協同的な子育て」こそ，あるべき姿といえそうだ。

　先に紹介した杉山春の「母親をおりる」とは，近代家族と近代の母親観を見直そう，という宣言だ。子ども家庭（家族）支援こそが，「家族」そのものを問い直すことを求めているのである。

【引用・参考文献】

1）香山リカ「ニッポン母の肖像」，NHKテレビテキスト『歴史は眠らない』，2010，
　　1項から2項までの家族の歴史的変遷は，香山の論点に依っている。
2）前掲書1）による
3）小山静子『良妻賢母という規範』勁草書房，pp.48-49，1991
4）広田照幸『日本人のしつけは衰退したか』講談社，1999
5）落合恵美子『21世紀家族へ　第3版』有斐閣選書，2004
6）竹信三恵子『家事労働ハラスメント』岩波書店，2013

家族の機能とは何か
家族の養育機能障害の現実を考える

第3章

　子どもを生み育て，家族の誰かが病気になったときに看病や看取りをし，日常の生活では衣食住の必要を満たすとともに，精神的な安らぎを分かち合う―このような営みが家族の機能であるという。そうであるならば，今，その機能を果たすこと―子どもを生むこと，子どもを育てること，家族を看病すること，看取りをすること，衣食住の生活を満たすこと，精神的な安らぎを分かち合うこと―に困難を抱えている家族は少なくない。

　本章のねらいは，今の家族の現実を示し，家族だけで子どもを育てることが難しくなっていることを明らかにすることである。

1. 家族の現実

（1）進む核家族化

　子どものいる世帯について1975（昭和50）年から2018（平成30）年までの年次推移をみてみよう（表3-1，図3-1）[1]。子どものいる世帯数は1986（昭和61）年の1,736万4千世帯から2018年には1,126万7千世帯に減少し，全世帯に占める割合は46.2％から22.1％とほぼ半減している。

　世帯構造別に，世帯数と子どものいる世帯に占める割合をみてみると，ひとり親と未婚の子のみの世帯は世帯数，割合ともに増えている（4.0％→6.8％）。夫婦と未婚の子のみの世帯は，世帯数は減少しているものの割合は増えている（65.8％→76.5％）。核家族世帯（ひとり親と未婚の子のみの世帯，夫婦と未婚の子のみの世帯）としては，世帯数は減少しているものの，子どものいる世帯

---

*1　厚生労働省の「国民生活基礎調査」の定義によれば「世帯とは，住居及び生計を共にする者の集まり又は独立して住居を維持し，若しくは独立して生計を営む単身者」のことをいう。

1. 家族の現実   31

表3-1 世帯構造別,子ども数別子どものいる世帯数の年次推移

| 年次 | 子どものいる世帯数(千世帯) | 世帯構造別世帯数(千世帯) ||||| 子どものいる世帯における子ども数別割合(%) ||| 子どものいる世帯が全世帯に占める割合(%) |
		核家族世帯	夫婦と未婚の子のみの世帯	ひとり親と未婚の子のみの世帯	三世代世帯	その他の世帯	1人	2人	3人以上	
			推　計　数								
1986	17 364	12 080	11 359	722	4 688	596	35.2	48.3	16.6	46.2
1989	16 426	11 419	10 742	677	4 415	592	37.2	46.3	16.4	41.7
1992	15 009	10 371	9 800	571	4 087	551	38.5	44.6	16.9	36.4
1995	13 586	9 419	8 840	580	3 658	509	40.4	43.1	16.5	33.3
1998	13 453	9 420	8 820	600	3 548	485	41.5	42.2	16.2	30.2
2001	13 156	9 368	8 701	667	3 255	534	42.4	42.5	15.1	28.8
2004	12 916	9 589	8 851	738	2 902	425	42.7	43.9	13.5	27.9
2007	12 499	9 489	8 645	844	2 498	511	44.4	42.3	13.4	26.0
2010	12 324	9 483	8 669	813	2 320	521	44.7	42.0	13.2	25.3
2013	12 085	9 618	8 707	912	1 965	503	45.2	41.8	13.1	24.1
2015	11 817	9 556	8 691	865	1 893	367	46.4	40.4	13.1	23.5
2016	11 666	9 386	8 576	810	1 717	564	46.6	40.3	13.1	23.4
2017	11 734	9 698	8 814	885	1 665	371	44.3	42.1	13.6	23.3
2018	11 267	9 385	8 623	761	1 537	345	45.4	40.4	14.2	22.1

(厚生労働省「平成30年国民生活基礎調査の概況」に基づいて筆者作成)

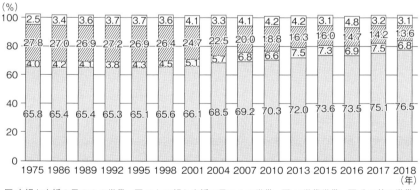

図3-1 子どものいる世帯における世帯構造別割合の推移

(1975年は内閣府『平成16年版少子化白書』,1986年以降は厚生労働省「平成30年国民生活基礎調査の概況」に基づいて筆者作成)

に占める核家族世帯の割合は69.8％から83.3％に増えている。他方，三世代世帯は世帯数，割合ともに減少し，減少幅が大きい（27.8％→13.6％）。

　核家族世帯が増えているということは，家族における子育ての担い手が減っていることを表している。子どもは，睡眠，食事，排泄，遊びなど，子どもの発達に合わせて生活することが望ましい。子育ての担い手であり，家庭生活を支える親は，家計の収入を得ることの他に，掃除，洗濯，日用品や食材の買い出し，毎日の食事の準備から後片づけ，ごみ出しなどの家事もしなければならない。子どもと親それぞれのライフスタイルを考えるだけでも，家族である父と母，あるいはひとりの親だけで24時間365日の子どもの生活を支えることには限界がある。

（2）増える共働き世帯と労働時間

　今，共働き世帯が増え続けている。内閣府『令和元年版男女共同参画白書』によれば1980（昭和55）年以降，夫婦共に雇用者の共働き世帯は年々増加し，1997（平成9）年以降は共働き世帯数が男性雇用者と無業の妻から成る世帯数を上回り，とくに2012（平成24）年頃からその差は急速に拡大しているという。2018（平成30）年には，雇用者の共働き世帯が男性雇用者と無業の妻から成る世帯の約2倍になっている（図3-2）。

　同白書によれば，週間就業時間60時間以上の雇用者の割合を男女別にみると，とくに子育て期にある30歳代および40歳代の男性において，女性や他の年代の男性と比べて高い水準となっているという。

　ベネッセ教育総合研究所が4～6歳（就学前）の子どもをもつ首都圏の母親1,086名に行った調査（2017年）では，仕事のある平日に子どもと一緒に過ごす時間は，母親では6時間以上が最も多いのに対し，父親は0～1時間未満が最も多くなっている（図3-3，左）。また帰宅時間については母親が18時台，父親が22～0時台が最も多い（図3-3，右）。父親の44.5％は平日の帰宅時間が21時台以降である。同調査によれば，平日21時頃までに就寝する子どもは63％となっている。また，別の調査では「一日あたりの実労働時間が『10時間以上』の父は，子どもと一緒に過ごす時間（平日）が『1時間未満』の割合が約6割」という結果になっている（平成29年度「東京の子供と家庭」）。

1．家族の現実   33

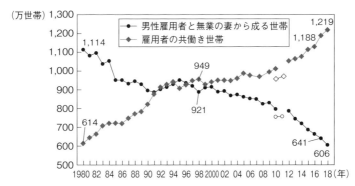

（備考）1．1980年から2001年までは総務庁「労働力調査特別調査」，2002年以降は総務省「労働力調査（詳細集計）」より作成。「労働力調査特別調査」と「労働力調査（詳細集計）」とでは，調査方法，調査月等が相違することから，時系列比較には注意を要する。
2．「男性雇用者と無業の妻から成る世帯」とは，2017年までは，夫が非農林雇用者で，妻が非就業者（非労働力人口及び完全失業者）の世帯。2018年は，就業状態の分類区分の変更に伴い，夫が非農林業雇用者で，妻が非就業者（非労働力人口及び失業者）の世帯。
3．「雇用者の共働き世帯」とは，夫婦共に非農林業雇用者（非正規の職員・従業員を含む）の世帯。
4．2010年および2011年の値（白抜き表示）は，岩手県，宮城県及び福島県を除く全国の結果。

図3-2　共働き世帯数の推移

（内閣府『令和元年版男女共同参画白書』，2019より）

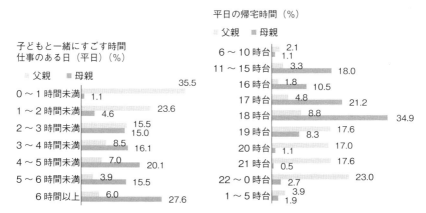

図3-3　就学前の子どもをもつ母親の調査

（ベネッセ教育総合研究所「幼児期の家庭教育国際調査」，2017をもとに筆者作成）

34　第3章　家族の機能とは何か

育児は本来父母ともに担うべきものである。にもかかわらず，これらの調査結果からは，平日の育児のほとんどは母親ひとりが担っていることがみえてくる。子どもが就寝したあとに帰宅する父親の存在からは，子どもを育てる機会を奪っている産業社会のしくみがみえてくる。

（3）子育て家庭の貧困

次に，「相対的貧困率」（以下，貧困率）をみてみよう（表3-2）。貧困率は貧困線（等価可処分所得（p.114参照）の中央値の半分）に満たない世帯員の割合をさす。2015（平成27）年の貧困線は122万円になっている。よって，2015年の貧困率が示しているものは年間122万円／月約10万円以下で暮らす世帯員の割合となる。子どもがいる現役世帯の貧困率は大人が2人以上の世帯10.7％，大人が1人の世帯50.8％になっており，ひとり親世帯の半数は貧困状態にあることがわかる。また，子どものいる世帯の62.0％，母子世帯の82.7％が生活意識について「苦しい」と感じ，全世帯と比較して高い割合を示している（厚生労働省「平成28年国民生活基礎調査」）。

2016（平成28）年の厚生労働省「ひとり親世帯等調査」によると，母子世帯の81.8％は就業しているが，そのうち43.8％がパート・アルバイト等となっ

表3-2　貧困率の年次推移

（単位：%）

年次	1985	1988	1991	1994	1997	2000	2003	2006	2009	2012	2015
相対的貧困率	12.0	13.2	13.5	13.8	14.6	15.3	14.9	15.7	16.0	16.1	15.7
子どもの貧困率	10.9	12.9	12.8	12.2	13.4	14.4	13.7	14.2	15.7	16.3	13.9
子どもがいる現役世帯	10.3	11.9	11.6	11.3	12.2	13.0	12.5	12.2	14.6	15.1	12.9
大人が1人	54.5	51.4	50.1	53.5	63.1	58.2	58.7	54.3	50.8	54.6	50.8
大人が2人以上	9.6	11.1	10.7	10.2	10.8	11.5	10.5	10.2	12.7	12.4	10.7
	（単位：万円）										
中央値　（a）	216	227	270	289	297	274	260	254	250	244	244
貧困線　（a/2）	108	114	135	144	149	137	130	127	125	122	122

注：1）1994年の数値は兵庫県を，2015年の数値は熊本県を除いたものである。
　　2）貧困率は，OECDの作成基準に基づいて算出している。
　　3）大人とは18歳以上の者，子どもとは17歳以下の者をいい，現役世帯とは世帯主が18歳以上65歳未満の世帯をいう。
　　4）等価可処分所得金額不詳の世帯員は除く。

（厚生労働省「平成28年国民生活基礎調査の概況」，2017より）

ている。母子世帯の総所得のうち約8割は稼働所得によるものであり，ほぼ，大人1人のパート・アルバイトによって得られる収入のみで子どもの教育費を含む家計をやりくりすることになる。

家庭の貧困状態は子どもの高等教育への進学に影響し，貧困の連鎖につながる。国の奨学金を返せず自己破産するケースは，借りた本人だけでなく親族にも広がっているという（2018年2月12日朝日新聞）。また，生活保護世帯の子どもの高校中退率は下降傾向にあるものの全世帯の1.4％と比べると，4.1％と高い水準にある（内閣府「第6回子供の貧困対策に関する有識者会議」資料1）。

2．子ども虐待事例からみる家族の養育

子どもの虐待が後を絶たない。厚生労働省「子ども虐待による死亡事例等の検証結果等について第14次報告」（2018年）から，家族の現実をみていこう。

虐待死の加害者は，一貫して「実母」が最も多い（図3-4）。2016（平成28）年度は，心中以外の虐待死事例61.2％，心中による虐待死事例78.6％において主たる加害者は「実母」になっている。虐待の加害者における「実母」の割合の高さは，いかに母親が育児を担わされているかということの証になろう。

死因となった主な虐待の類型は心中以外の虐待死事例において身体的虐待が55.1％，ネグレクトが38.8％であった。ネグレクトの内容は表3-3のようになっている。

図3-4　子ども虐待の主たる加害者
(厚生労働省「子ども虐待による死亡事例等の検証結果等について第14次報告」，2018より筆者作成)

36   第3章　家族の機能とは何か

表3-3　ネグレクトの内容（心中以外の虐待死）

区　分	2013年度	2014年度	2015年度	2016年度
	心中以外の虐待死			
	9人	15人	12人	19人
家に残したまま外出する，車中に置き去りにするなど子どもの健康・安全への配慮を怠る	66.7%	33.3%	66.7%	42.1%
食事を与えないなどの養育放棄	11.1%	20.0%	8.3%	15.8%
遺　棄	22.2%	66.7%	16.7%	36.8%
祖父母，きょうだい，保護者の交際相手等による虐待を見過ごす	0	13.3%	8.3%	5.3%
必要な医療を受けさせない（医療ネグレクト）	0	20.0%	16.7%	36.8%

（厚生労働省「子ども虐待による死亡事例等の検証結果等について第14次報告」，2018より筆者作成）

　心中以外の虐待死における加害の動機として，「保護を怠ったことによる死亡」「しつけのつもり」「子どもの存在の拒否・否定」「泣き止まないことにいらだったため」が多い状態が継続している。心中による虐待死の加害の動機は「保護者自身の精神疾患，精神不安」に次いで「育児不安や育児負担感」であった。

　子どもの健康・安全への配慮などの子どもの保護は，子どもの命を守ることに直結するほど大切なことだが，子どもの家族がそこに思いがいたらないほどの状態にあることを私たちは理解しなければならない。

　また，死亡事例において養育者の世帯の状況は，祖父母との同居のない世帯が7割以上を占める。第14次報告では，祖父母との同居世帯で虐待死が発生した事例については，祖父母との同居が必ずしも真の支援が得られていたとは限らないことが示唆されている。

3．子どもを育てるうえでの困難
─家族の現実から考える

　これまでみてきた家族の現実を踏まえ，子どもを育てるうえでぶつかる困難についてあらためて述べておきたい。

　今の日本社会において，全世帯に占める子どものいる世帯は22％に過ぎず，

子どもを育てる家族のほとんどが核家族世帯である。そして共働き世帯が増加しているものの男女がともに育児を担うことはほど遠く，育児は主に母親が担っているのが現状である。少ない家族員のなかで母子関係がより強固になっていくことが予測されるが，このことは子ども虐待死亡事例の加害者の多くが母親であることと無関係ではない。共働き世帯が増えていることと同様に，ひとり親と未婚の子のみの世帯が増えていることも注目する必要がある。

　文部科学省作成の「家庭教育手帳」には「規則正しい睡眠と毎日の朝ごはん。簡単なようでいて，けっこうたいへん。でも，これをきちんとやっている子どもほど勉強も運動もよくできるというデータもあります」と書かれている。それができないと勉強も運動もできない子どもになりますよ，と言われているようだ。いまや，ひとつの家族に何人もの大人がいて，複数の大人が平日の子どもの世話をする，朝昼夕の食事は，離乳食の必要な子どもの分も，働いて帰ってくる大人の分も準備する人が自宅にいて，食事の準備の間子どもの面倒をみる人がいる―という「サザエさん」のような家族はどれだけ存在するのだろうか。

　子どもが起きるよりも早くに起きて，自分の身支度を整えて，子どもが寝ている間に朝ごはんの準備をし，自分の食事は後回しにして子どもの食事を優先し，せかして登園登校の準備をし，急いで保育所や学校などに送り出し，一日仕事をして急いで帰宅，それでも帰宅は18時を過ぎ，それから子どもの世話をしつつ夕食の準備をし，自分の夕食もそこそこに子どもの夕食，入浴，歯磨きに気を遣い，21時までには寝かせたいと思って子どもをあやし，子どもが寝てから家事，毎日睡眠不足―という家族のほうが多いのではないだろうか。

　子どもが病気になっても，家族に頼める人はおらず，まずは自分が仕事を休むしかない。病児のシッター制度もあるが登録手続きが必要で，費用もかかる。何より，病気のときこそ子どものそばにいてやりたいという気持ちもある。そして自分が病気になったときには，自分の体のことよりも，子どもの世話は誰がするのかと悩まなければならない。

　家事・育児は共働き世帯であっても母親が担うことが多く，他の状況の女性と比べて心身の状態がよくないことが指摘されている。母親が育児を担っている状況にあることは，例えば，2016（平成28）年に「保育園落ちた，日本死

ね」と書かれたブログに端を発した保育所待機児童問題に取り組むのは主に母親であり，父親の姿は見えてこないことにも象徴される。

　困難があっても子どもに愛情を注ぎ，ていねいな子育てをしたいと多くの親は思うだろう。現代の子育てはいつでもつなわたり状態にある。家族員の病気や仕事の雇い止めなど，ふとした拍子にその綱が切れたとしてもおかしくないギリギリの状態なのではないだろうか。

　2010（平成22）年頃の話になるが，筆者がショートステイの職員として子どもと関わっていたときのことである。ノブ君（小学1年生）に「子どもいないの？」と尋ねられ，筆者は「いないよ。結婚してないからね」と答えた。すると，ノブ君はすぐさま「結婚してなくても子どもできるじゃん！」と言った。筆者の答えは正しくなく，父親のいないノブ君にそのことを指摘されたのだ。

　現実をみれば結婚していなくても子どもは生まれ，パパやママがいなくても子どもは育つ。頭で理解していても，自分自身の経験や思い込みから簡単には逃れられない。そのことを思い知らされた出来事だった。

　当時に比べて今はもっと家族・家庭は多様化し，子どもはその現実を生きている。私たちはいつでも子どものおかれている現実からスタートし，対象を的確にとらえなければならない。

　本章で示したように，家族員の減少，長時間労働や低収入という現実の生活のなかで家族の養育機能は限定的になっている。「親はもっとがんばれ，責任を果たせ」と言わんばかりに家族に依拠した支援のあり方を模索することは現実的ではないどころか家族の一人ひとりを―とくに育児を主に担わなければならない母親を―追い詰めることになる。

【参考文献】

・社会福祉士養成講座編集委員会『新・社会福祉士養成講座3　社会理論と社会システム　第3版』中央法規出版，2014
・日本家政学会編『現代家族を読み解く12章』丸善出版，2018

39

第4章	ジェンダーの視点で 家族をとらえる

家族の人間関係と性意識はどう形成されるのか

1．家族のこれまで

　あなたは図4-1のイラストを見て，どの関係を家族だと思うだろうか。そのとき，家族である／家族ではないとするときの判断基準は何だろう。学生にアンケートをすると，「家族である」とする割合は，図の①②⑦⑧はほぼ100％，④は約50％，⑤⑥⑨は約20％，③は5％弱である。判断基準として上位にあがるのは「血縁」「愛情」「法律婚」「同居」であった。イラストにはこれらの判断基準につながるような説明はない。このような結果となる背景には，「家族はこうあるべき」といった「家族規範（家族集団や家族上の地位について特定の条件が達成されることが望ましいとする価値づけ）」がある。

　「国勢調査」では，家族は22類型であり，行政の家族の類型や定義と，家族規範は必ずしも一致していない。また，家族を「世帯」という単位で表すことがある（定義は，p.30参照）。生涯未婚率（50歳時未婚率）みると年々上昇傾向にあり，2020（令和2）年には単独世帯（世帯人員が1人の世帯）29.7％，夫婦のみの世帯21.9％，夫婦と子どもの世帯26.7％となることが推測されている。このように行政等の家族の類型は多様で，家族のかたちも変化しつつあるなかで，なぜ，この社会には家族規範があるのだろうか。

2．あなたの家族観に意識的になること

　私たちの家族観は，家族や身近な人，メディア等々，さまざまなつながりから影響を受けている。また家族は個人の選択のようでありながら，国のあり方の歴史と強く結びついてつくられる。単に影響を受けるだけではなく，他の人との関わり合いを通して，家族の「こうあるべき」かたちがあなたからも発信

40　第4章　ジェンダーの視点で家族をとらえる　　　　　　　　　イラスト・蝶野行音

①ケイはお母さんと一緒に住んでいます。お父さんは亡くなりました。

②アヤはお母さんとお父さんと弟のワタルと一緒に住んでいます。

③リョウは1人で住んでいます。

④ナオとトモヤとカズアキは養護施設で一緒に住んでいます。

⑤ユウタとコウヘイは愛犬のココと一緒に住んでいます。2人は男同士です。

⑥アオイとハルカは一緒に住んでいます。2人は女同士です。

⑦ヒカルはお祖母さん，お祖父さん，お母さん，お父さん，叔母さんと3世代で住んでいます。

⑧ヒロはお父さんと新しいお母さんと一緒に住んでいます。

⑨ミサキとワタルは一緒に住んでいます。

図4-1　どれが家族だと思うか
（橋本紀子ほか『ハタチまでに知っておきたい性のこと　第2版』大月書店，p.154，2017）

2. あなたの家族観に意識的になること　*41*

され，社会の家族規範は強められている。次の共働きの夫婦を題材にしたワークをしてほしい。

下記のケースに，あなたならどのようなアドバイスをしますか？

> 　結婚前は私とパートナーは共働きしているので，子育ても家事も共同でしていこうと言っていたのに，実際に子どもを育てはじめて数年経ったころには，ジャーナリストのパートナーは仕事で帰りが遅いこともあり，公務員で定時に帰れる私が育児，家事をほとんどやるようになりました。パートナーは休日くらいしか手伝ってくれず悩んでいます。

（大日向雅美『母性神話の罠』日本評論社，2000の事例を改変）

　あなたはどのようなアドバイスをしただろうか。これはあなたが内面化している家族観を確認することができるワークである。説明には，相談に来た友人（公務員），ジャーナリストのパートナーの性別は書かれていない。定時に帰宅できて，現段階では育児を中心になって担っている友人を女性，ジャーナリストのパートナーは男性としてアドバイスを考えていないだろうか。また，アドバイスはどのような内容だっただろうか。「子どもはすぐに大きくなるから，小さいうちは女性が中心に担った方がよい」とか，「お母さんに手伝いに来てもらえないのか」というように，家族や個人の責任，とりわけ女性が担うことを前提としたアドバイスをしていないだろうか。また，友人とパートナーの関係は，同性ということも考えられるし，どちらか／どちらとも，障がい者かもしれない。国籍も限定していないので，外国にルーツのある人かもしれない。
　あなたはさまざまな家族のかたちが想像できただろうか。
　この社会で，家族は固定化されたイメージで語られることが強い。また，非常時にはさまざまな問題を「家族でのりきろう」「家族の絆」といったフレーズはいたるところにみられる。家族の前提として「結婚」が位置づけられ，結婚をゴールとするような「恋愛（ほとんどが異性愛が前提とされる）」が称賛されている。そして結婚とセットで「出産や子育て」が位置づけられている。そして，家庭や子どもをもつことが「素晴らしく」「人間的に成長する」と，

理想的に語られがちである。

多くの人がそれを信じ（あるいは信じようとして），時に「善意で」他者に恋愛や結婚，出産，子育てを求める人も少なくない。それは同時に恋愛をしない，結婚を選択しない（またはできない）者を無自覚に排除，差別している。

また，家族の固定的なイメージによって，人間関係の問題が見えづらくなることも多い。「家族であれば（言葉はなくとも）わかりあえる」「家族だから甘えていい」「相手の人間関係を含めて相手を丸ごと受け入れる＝愛情」といった，家族であること＝同質性を強要してよいという考え方が，家族のなかでは許されるととらえる人は少なくない。そこには互いが自立した個ではなく，共依存関係が生まれやすい。

そして本来，社会福祉政策がもっと担わなければならない役割や機能を，家族が「自己責任」の下に担わされているという現実もある。そこには，性別役割分業に基づいた女性の無償労働がそれを肩代わりしているというしくみがある。DVや子ども虐待の問題は，家族の自己責任の下で解決しようとして噴出した人権侵害としての側面もある[1]。

子どもや家族を支援する場合の前提として，私たちが家族を無条件に「よいもの」とされる社会的なしくみや背景，それによって，誰か（自分を含む）を社会的に排除することもあるということ，そしてあなたの，そして社会における家族観に意識的になる必要があろう。

3．家族がどのようにつくられてきたのか─そしていま

ところでなぜ固定化された家族のかたちがあるのだろうか。ここでは日本が近代化に向かった明治時代以降，家族がどのようにつくられてきたのかを簡単に振り返りたい。

戦前から戦中の家族は，国家を「強く」するための単位としての意味合いが強かった。明治時代には，明治民法で採用された家族制度である「家制度」によって，男性が「戸主」となり，妻や子どもたちを養い，監督する権利や義務をもつこととなった。家族の婚姻や養子縁組にも戸主の同意が必要となった。この民法によって，妻は財産を相続する権利を失うことになった。つまり家庭で男性の権力が強められる制度がつくられたのである。

明治から大正時代になると産業構造が大きく変化し，男性が会社に勤めて給料をもらう月給生活者家庭が登場する。そこでは女性は家事労働と子育てを担うようになる。戦時下になると「産めよ，殖やせよ」という当時のスローガンにも現れているように，国家を強くするための兵隊を増やすために，女性は早く結婚して多くの子どもを産むことが求められた。

第二次世界大戦後，日本国憲法の公布とそれに伴う民法の改正によって，それまでの「家制度」は廃止された。また，結婚は本人同士が自分の意志で決めるもので，結婚した夫婦が対等な立場でつくるものとされた。

しかし1950年代に入ると高度経済成長によって，都市化が加速する中で制度面でも，一般社会においても「近代家族」が確立する。近代家族は，①家内領域と公共領域の分離，②家族成員相互の強い情緒的関係，③子ども中心主義，④男は公共領域・女は家内領域という性別役割分業，⑤家族の集団性の強化，⑥社交の衰退，⑦非親族の排除，⑧核家族を特徴とする。家庭は男性が働けない場合の社会保障としての役割を期待され，定着した。戦前の「家制度」の意識を変えることができないまま，専業主婦の出現による性別役割分業を建前とした核家族が家族であるという，家族規範がつくられていった[2]。

さらに1970〜80年代になると中東戦争の勃発によってオイルショックが起きる。それによって日本型福祉社会論として，「家族・近隣同士の助け合い」をめざすこととなった。「家族は福祉の含み資産」とまでいわれた。つまり本来，国が福祉として保障すべきことを，個人や家族，地域で対応することがより求められるようになったのである。

1985（昭和50）年に日本が批准した「女子に対するあらゆる形態の差別の撤廃に関する条約（女性差別撤廃条約）」には，性別役割に基づく偏見や慣習等の撤廃の実現や，家庭についての教育で共同責任を含めるよう確保することが掲げられた。かつ1999（平成11）年に男女共同参画社会基本法が制定され，社会や政策等，家庭生活における制度や慣行にある固定的な役割分担等からの影響をできる限り中立なものにすることが謳われたものの，それが実現されているとは言い難い。

そしていま，これまでの家族が実質的に多様化するなか，家族を主観的なものとしてとらえ直す考え方（主観的家族観）が登場し，国連文書等において

44 第4章 ジェンダーの視点で家族をとらえる

も，多様性を前提とするようになった。しかしながら冒頭にあげた価値基準を見ると，家族規範や家族の現実が多様化したといえるのだろうか。また，多様な家族に十分に対応した社会のしくみがあるとは言い難い。

さらに学校教育や社会教育において，家庭をもつ意義やその重要性を強調するような取組みが進められている。家族や家庭に関わる動きが，「誰のために」「何のために」起きているのか，私たちはしっかりと見極めなければならない時代を生きている。

４．日本の家族の現状と課題を知る，そして行動する

子どもと家庭を支援するにあたって，当然ながら家族の現状と課題を知る必要がある。多くの場で，家族が多様化したといわれる。認識面は多様化したが，制度面が1950年代前後で留まっていることから，さまざまな家族や子どもをめぐる課題が浮き彫りになっているといわれる。しかし，認識面も多様化したといえるのだろうか。

（１）シングルで生きる場合

国立社会保障・人口問題研究所の調査（2015年）によると未婚者の８割が「独身生活には利点がある」と答えており，「一生結婚するつもりはない」とする未婚者は女性8.0％，男性12.0％となっている。ただし未婚者のうち「いずれ結婚したい」と答える率は女性89.3％，男性85.7％と非常に高い。しかしそのうち女性６割，男性７割は交際相手がいない。勤労世代（20〜64歳）の単身で暮らす女性の３人に１人，男性の４人に１人が貧困となっている。

一方で独身生活の利点として，「行動や生き方の自由」と答える割合が高く（女性75.5％，男性69.7％），女性にとって結婚や家族をもつことが行動の制限につながりやすいことがわかる。また，結婚を前提としない子どもの出生（婚外子）は２％を推移しているにもかかわらず，結婚と出産・子育てがセットで語られている。

こうしたデータからは，「未婚者」と一口に言っても，多様な選択肢から「結婚をしない（シングルを選ぶ）」ことが自己決定されているのではなく，さまざまな経済状況によって「結婚したくてもできない（または先送りしてい

4. 日本の家族の現状と課題を知る，そして行動する　*45*

る）」人が混在していることがわかる。

（2）パートナーとともに生きる場合

　結婚をする場合，法的な手続きをしない事実婚と，法的な手続きをする法律婚がある。一般には後者が結婚のかたちとして考えられがちである。法律婚では夫か妻どちらかの姓を選ばなければならないことや，「入籍」という言葉に表れているように，どちらかの戸籍に入るという誤解がつきまとう戸籍制度に抵抗を感じるといった理由で事実婚を選択している人もいる。

　法律婚の場合，婚姻届を役所に提出するが，婚姻適齢は女性16歳，男性18歳に設定されている（民法第731条）。これは国連女性差別撤廃委員会からも男女同年齢にすべきとの指摘をされており，2022（令和4）年から男女同年齢18歳に民法が改正される。

　また，法律婚における姓の問題は度々，議論されてきた。法律婚では夫か妻どちらかの姓を選択することになっている（民法第750条）が，96.3％が夫の姓を選択している。これは男性の家に女性が嫁ぐという「家制度」の名残ともいえる。働いている場合，「通称」として旧姓を使用するケースもある。姓を変えることでそれまでの自分を失う気持ちになるという意見もあるが，あなたはどのように思うだろうか。

　日本では選択的夫婦別姓（夫婦で違う姓を選ぶこともできるようになること）が認められていない。内閣府の調査（2018年）によると，「選択的夫婦別姓の法改正」に賛成が42.5％，反対29.3％である。また「別姓でも家族の一体感（きずな）に影響がないと思う」が64.3％あるなかで，現実に即しているといえるのだろうか。

　性別に固定されることなく，生活者として自立できているかどうかは，他者と対等平等な関係を築いていくうえで基本的なことである。しかしながら結婚をきっかけに女性の2人に1人が仕事をやめており，家事労働の参加状況をみると，女性が多くを担っている現実がある。

　育児と介護を担っていることをダブルケアという。ダブルケアを行っている女性の半数が仕事をしているが，「仕事が主」は半数であるのに対し，ダブルケアを行う男性の9割が「仕事が主」である有業者となっている[3]。こうした

状況に対して，国連女性差別撤廃委員会からも「家父長制に基づく考え方や日本の家庭・社会における男女の役割と責任に関する深く根付いた固定的性別役割分担意識が残っている」こと，そして「依然として家庭や家族に関する責任を女性が中心となって担っている」ことが懸念されている。

（3）保育者として何ができるか

　育児を担う男性を「イクメン」，介護に担う男性を「ケアメン」と呼んだりするが，女性の場合，同様の名前はない。それは女性が育児や介護をすることが当たり前とされてきた／されていることによる。従来の年功賃金制度（年齢とともに賃金が上がる）による，終身雇用（正社員を定年まで雇う）によって家族賃金が保障され，男性が職業労働を担い，女性が家庭内のケア労働を無償で担ってきたという形では立ち行かない現実があり，これは個人の努力や自己責任のレベルで解決できる問題ではない。

　しかし一方で，社会システムの見直しを図るのではなく，個人や家族の努力で解決を図ろうとしている現実がある。男女共同参画社会基本法の基本計画では，初等中等教育では，発達段階に応じ，学校教育全体で「人権の尊重，男女の平等や男女相互の理解と協力の重要性，家族や家庭生活の大切さ等」について「指導」すると記されている。また「結婚，妊娠，子供，子育てに温かい社会の実現に向け，『家族の日』（11月の第3日曜日）や『家族の週間』（家族の日の前後1週間）において，さまざまな啓発活動を展開し，家族や地域の大切さ等についての理解」の促進を促している。

　さらに，個人や家族では解決できない場合の新たな取組みとして，海外から家事労働を担う外国人家事労働者の受け入れが始まっている。これは2014（平成26）年6月に閣議決定された「『日本再興戦略』改訂2014」で，家事などの負担を減らすことによって「女性の活躍促進」を図ることを目的とし，「外国人材の活用」として外国人家事労働者の日本人家庭での就労を「家事支援人材」として国家戦略特区限定で認める方針で進められている。

　経済状況が混迷する昨今において，多様な個々人のワーク・ライフ・バランス，つまりは人間らしい生活が保障されるような社会システムが求められている。どのような社会のしくみがあるのか，それがどのように使えるのか，また

どこに課題があるのかを知ることが，まずは一歩となる。それには個人では限界がある。職場内または課題を共通できる人々と共有し，その改善すべき点を明確にし，ボトムアップで政策につなげていくことが求められる。

5．子ども，家庭の支援を考えるにあたって

（1）必要な概念として─人権

　子ども家庭支援を考える際には，人権概念を基軸に据える必要があろう。ところで，人権とは何だろうか。「人間が人間らしく生きていくために欠くことのできない，誰にも生まれたときからそなわっている権利の総称」と表されることが多いが，具体性をもってこの定義を理解している人はどれくらいいるのだろうか。

　人権は，この権利をもつために守るべき義務は原則としてない。端的に言えば，「人権が保障されている」とは自分で自分の人生を選択して決めることができることである。自己決定ができるように用意すること（権利）があり，選択するためには幅広い情報・教育や，さまざまな選択を保障する社会のしくみが必要となる。

　家族のあり方は人権に関わるテーマであるということは，家族を考えるうえで肝要である。人間を形づくるもの（特徴や属性）はひとつではない。人間は複雑で，多面的な存在である。特徴の「ひとつ」で括られて生きづらさを感じたり，選択が狭まったりすることは人権侵害である。

　しかし，日本では人権の理解が乏しい。前述したように人権は，何か責任や義務を果たしたから保障されるものではないが，「義務や責任を果たさないと権利を主張してはいけない」，または「権利を主張するにあたって清廉潔白な立ち振る舞いを期待される」というような「クリーンハンズの法則」が根深い。また人権に関わるテーマは，強い立場にある者が弱い立場にある者の利益になるようにと，本人の意志に反して行動に介入・干渉する，パターナリズムにとらえるものも多い。「かわいそうな人の人権を守ってあげましょう」というような，自分とは切り離した，上から目線の取組みである。

　こうした点に留意しつつ，課題を抱えた家庭や子どもを支援するにあたって，課題が課題として見えづらい状態になっていたり，課題を自覚しつつも言

葉にするまでには時間を要することも多い。保育者として先回りして最善の方法を見つけ，伝え，導くのは適切であるとはいえない。本人が声をあげられるようにアドボケイトし，課題解決のための情報や資源を集め，共有し，課題を抱えた本人が自己決定のためのちからを育むことができるような支援が重要となる。

（2）国際法や国際文書等の理念をしっかりとおさえる

　子ども家庭支援にあたって，「子どもの権利条約」の理念はしっかりとおさえておきたい。あなたは学校で，子どもの権利条約を学んだ経験はあるだろうか。学んだ経験のある場合，自分の人権に関わっているということが確認できるような学びだっただろうか。また18歳まで，あなたの権利が保障されていたといえるだろうか。おそらくはどこか遠い後進国の子ども，または虐待等の問題を抱えている子どものためのものと考えていたのではないだろうか。

　子どもの権利条約は，子どもの基本的人権を国際的に保障するために定められた条約であり，日本は1994（平成6）年に批准した。国際条約は日本国憲法の下位であるが，他の法律の上位に位置し，子どもに関わる諸法は子どもの権利条約との統合性をもたねばならない。また同条約では18歳未満を子どもと定義づけており，前文13項目と本文54条からなる。子どもの生存，発達，保護，参加という包括的な権利を実現・確保するために必要となる具体的な事項を規定している。

　日本では，育児は家族内の責任（とくに女性の責任）という考え方が根深くあることから，子どもに権利があるということが根付きにくいという特徴がある。しかし子どもの権利条約には，子どもの養育および発達に対する第一義的責任は親にあり，その親が養育責任を果たすための国の援助，家庭環境の重視と子どもの最善の利益等を強調している。つまり親のみに責任があるのではなく，その責任を果たすための国の援助や家庭環境をも重視している。

　子どもの権利条約を批准した国は，数年ごとに子どもの権利委員会に定期報告を行い，委員会から最終所見が出される。2019（平成31）年3月に日本に出された最終所見の主要な懸念領域や勧告は，差別の禁止（18パラ），子どもの意見の尊重（22パラ），体罰（26パラ），家庭環境を奪われた子ども（29パ

ラ），リプロダクティブヘルスおよびメンタルヘルス（35パラ），少年司法（45パラ）の６つにおいて，緊急的な措置をとることが求められている。

これらの内容は子ども家庭支援の現状と課題を考えるにあたって有効である。また，子どもの最善の利益とは何か，その実現のための方向性をどのように固めていくかを多角的に，多様な立場からのよりていねいに議論するにあたり，柱となる重要な概念である。これをどう具体化するかはさまざまな国際文書や国内法においても議論されつつある。例えば，国際文書として国際連合教育科学文化機関（UNESCO：ユネスコ）の「国際セクシュアリティ教育ガイダンス」[4]では，家族は多様であることを前提とし，人権アプローチを重視しており，支援を具体化するうえで参考になる（表4-1）。

人権は，あらたな事実が可視化され，当事者や支援する人の声や，課題の解決に向けた対話の積み重ねがうねりとなり，場合によっては制度化される（法律や制度，条例がつくられる）ということを繰り返すなかで，少しずつ「拡

表4-1　ユネスコの「国際セクシュアリティ教育ガイダンス」における「家族」の学びの描かれ方（仮訳）

〈5-8歳〉
＊世界にはさまざまな家族の形がある
＊家族のメンバーは異なるニーズと役割をもっている
＊ジェンダー不平等は家族メンバーの役割や責任に影響することがある
＊家族メンバーは子どもたちに価値観を教えることにおいて重要である

〈9-12歳〉
＊親／保護者，他の家族メンバーは子どもが価値観を獲得するのを助け，子どもの決定を導きサポートする
＊家族は自分の役割や責任を通じてジェンダー平等を促進できる
＊健康や病気は家族の構成や受容力，責任のあり方に影響を及ぼす

〈12-15歳〉
＊成長とは，自分と他者に対する責任を取れるようになることを意味する
＊親／保護者と子どもの間で衝突や誤解があることは，特に思春期では当然で，たいていそれらは解決可能である
＊愛情，協力，ジェンダー平等，たがいに思いやり，たがいに尊重することは，健康的に家族が機能することや人間関係において重要である

〈15-18歳以上〉
＊性的関係や健康問題は家族関係に影響しうる
＊性的関係や健康問題に関する情報を共有したり明らかにしたことにより困難に直面したとき，若者や家族が頼ることのできるサポートシステムが存在する

大」してきたものである。子ども家庭支援を考えるにあたって，理念として基軸に据えながら，常に実践への具体化を模索してもらいたい。

ワーク1：

① ユニセフの子どもの権利条約カードブックにある1条～40条を印刷し，切り分けよう。

　　https://www.unicef.or.jp/kodomo/nani/siryo/pdf/cardbook.pdf

② 子どもの権利条約カードを似た内容でグループ分けをし，名前を付けよう。

③ 子どもや家庭に関わる新聞記事を集め，子どもの権利条約に照らして，どのような課題があるかを話し合おう（ネットニュースではなく，図書館で2紙以上の新聞で確認すること）。

④ 全体で共有しよう。

ワーク2：

① 子どもの権利条約の最終所見（2019年3月）を確認しよう。

② 意見の分かれるパラグラフを選び，どのような現実があるかをグループで話し合おう（国内法，現状等）。

③ 全体で②の論点を共有し，パネルディスカッション形式で議論しよう。

④ ③を踏まえ，解決に向けてどのような取組みが可能かをグループで考え，全体で共有しよう。

【引用・参考文献】

1）橋本紀子ほか『ハタチまでに知っておきたい性のこと　第2版』大月書店，2017

2）落合恵美子『21世紀家族へ』有斐閣，1994

3）内閣府男女共同参画局「育児と介護のダブルケアの実態に関する調査」，2016
　　http://www.gender.go.jp/research/kenkyu/pdf/ikuji_point.pdf

4）UNESCO「International technical guidance on sexuality education. An evidence-informed approach Revised edition」，2018
　　http://nevertmi.ca/wp-content/uploads/2019/02/ITGSE_en.pdf

・浅井春夫ほか編『新・コミュニティ福祉学入門』有斐閣ブックス，2018

・アジア・太平洋人権情報センター『人権ってなんだろう？』解放出版社，2018

第Ⅱ部
支援機能の中身を考える

第5章 地域社会と労働現場はどう変わってきたのか

人間の暮らしと働き方はどう変更されてきたか

　本章では，地域社会における労働現場の変化が，住民の暮らし方，働き方にどのような影響を与えてきたかを考察する。とくに，沖縄地域を事例に歴史経済的な変化が現在の沖縄の問題にどのように関連しているかを考える。

　日本本土と沖縄とは，歴史的に対照的な関係にある。1935～1945（昭和10～20）年における第二次世界大戦では，沖縄の多くの地で地上戦が行われ，そのほとんどが焼土となった。その影響は，戦後日本本土が「国家」として経済復興・高度経済成長を遂げる1970年代までだけをみても，「国家外」であった沖縄と，おかれた状況の相違は著しい。

　以下では，第二次世界大戦を境に，日本本土と沖縄における経済復興・成長期の雇用・労働とそこでの働き方が，現在の雇用・労働環境に大きく影響を残し，その負の影響が現在まで続いていることを示唆し，いわゆる「子どもの貧困」問題につながると考えられる4つの要因として，①雇用・労働環境，②歴史的発展段階の違い，③サービス（産）業に偏重した産業構造，④産業構造と価格決定権（資本蓄積の脆弱さ）に着目し，現代沖縄の暮らし方・働き方に関わる問題として考察する。

1．いま，なぜ「子どもの貧困」問題が生じているのか

　2016（平成28）年1月，沖縄県の子どもの貧困率が全国最悪であるとの新聞記事が掲載され[1]，沖縄県内外に大きな衝撃が走った。全国平均に比し2倍以上の貧困率の数値を前に，それまで多くの県民が抱いていた，「沖縄は出生率が常に高く『子は島の宝』として地域全体で子どもを大事にしてきた」というイメージは瓦解した。政府データを再整理し都道府県別貧困率の数値を出した戸室調査に続き，沖縄県は独自調査を実施して，まず，この問題の状況を把

握し，次いで課題抽出への糸口を見つける作業にあたった。

①戸室調査【37.5%】（2016年）

　戸室氏は，「就業構造基本調査」（総務省）と「被保護者調査」（厚生労働省）とから全都道府県別の貧困率を算出し，生活保護基準未満の世帯を，貧困状態にあると定義した。これによると沖縄の全体平均で貧困率34.8%，ワーキングプア率25.9%，とくに，0～17歳の子どものいる子育て世帯貧困率37.5%と算出された[2]。子育て世代でみると，全国平均の約2.7倍，全国最低値の福井県に比べ約6.8倍の高い比率で貧困が子育て世代の生活を覆っていることが明らかになった（表5-1）。

表5-1　子育て世代の貧困率（2012年）

都道府県	
沖縄	37.5%（全国ワースト）
東京	10.3%
福井	5.5%（全国ベスト）
全国平均	13.8%

（戸室調査）

②沖縄県調査【29.9%】（2016年）

　戸室調査の衝撃を受けた沖縄県では，沖縄県下の41市町村のうち，データ提供のあった35自治体の可処分所得算出用データとして以下を用いた[3]。

　①住民世帯データ，②収入データ，③社会保障データ（公的年金給付額，児童手当，児童扶養手当，生活保護給付，社会保険料）

　さらに，そのうち突合せ可能な8自治体のサンプルを用いて，子どもの相対的貧困率（再分配前・後）と18～64歳の大人が1人の世帯の世帯員の貧困率とを整理し，子どもの相対的貧困率は29.9%（全国平均16.3%）で，全国比1.8倍と算出された。

　どちらの調査で算出された数値を見ても，沖縄県の数値は高い比率であり，全国に比して厳しい生活状況であることが明示された。このような状況はどのような要因によるものなのだろうか。次に，貧困世帯へと導く4つの要因として，沖縄における親世代の状況をみていく。

2．貧困世帯へと導く４つの要因

「子どもの貧困」問題につながると考えられる要因として，次の４つをあげる[4]。すなわち，（１）雇用・労働環境，（２）歴史的発展段階の違い，（３）偏重した産業構造，（４）産業構造と価格決定権（資本蓄積の脆弱さ）である。

（１）雇用・労働環境─非正規雇用の多さと低賃金─
１）非正規雇用の多さ

沖縄県における非正規雇用率は長期にわたり増加傾向にあったが，2017（平成29）年就業構造基本調査では微減している[5]。しかしながら，非正規雇用者数でみると増加傾向の一途である（表５-２）。

なお，非正規雇用とは，短時間勤務，有期契約，派遣契約等，正規雇用以外のものをさしている。ただし，必ずしもパートタイムではなく，８時間労働に従事するフルタイムの非正規労働者も一般的に多く存在する。その賃金は時給制が主で，たとえ月給払いであっても非正規雇用の賃金水準は時給単価を月額に直したものが多く，この場合，月額は2018（平成30）年10月以降の沖縄県地域別最低賃金762円で月160時間労働として換算すると，121,920円／月である。これにも表れているように，非正規雇用の多さは低賃金労働者を生み出す要因ともなっている。

２）低賃金問題

賃金の低水準は，非正規雇用だけにとどまらず，正規雇用者にも表れている。「2017（平成29）年就業構造基本調査」より，全国と沖縄県における正規・非正規別の年収分布をみる（図５-１，図５-２）。

これによると沖縄県では，正規雇用の年収では，年収250万円と，400万円

表５-２　沖縄県の非正規雇用率

	2012年		2017年	
非正規	44.4% （全国平均38.2%）	237,500人	43.1% （全国平均38.2%）	253,800人
総労働者	533,500人	正規296,000人	589,300人	正規385,500人

（総務省「平成29年就業構造基本調査」より）

2．貧困世帯へと導く４つの要因　55

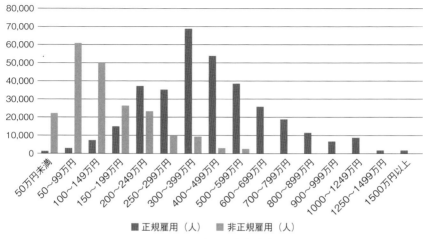

図5-1　全国の年収分布

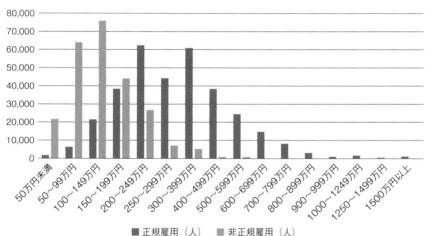

図5-2　沖縄県における年収分布

（図5-1，図5-2とも総務省「平成29年就業構造基本調査」より）

未満とで２つの山が表れている。これらの年収を月ベースに換算し直すと月額で約10万円の差があり，正規雇用であっても，企業規模，公務民間別による賃金差が生じていることが示唆される。

①年収250万円未満の場合

　208,000円/月〜166,600円/月（賞与3か月として）

②年収400万円未満の場合

　333,000円/月〜266,600円/月（賞与3か月として）

　また，非正規雇用の年収では，150万円未満が多くなっている。

①年収150万円の場合，125,000円/月で，日額換算すると5,952円/日

　この日額を2017年当時の沖縄県の地域別最賃額で割ると，5,952円÷737円（2017年地域別最賃）＝8.07時間/日となっている。

　この数字から示唆されるのは，労働者側は，非正規雇用に就いているとはいえ，単なるパートタイム労働ではなく，一つの事業所で長時間労働にあるか，あるいは複数の事業所を掛け持ちしているか，実質的にはフルタイム労働であることである。

　他方で，沖縄県における全求人のうち正社員求人は30.8％（2018年度）であり，全国43.7％に比して12.9％の低さとなっている。これは，事業所側がフルタイム労働者を必要としながらも，正規雇用ではなく賃金の安価なパートタイム労働者をフルタイム労働者として雇用する「擬似パートタイム労働」への依存と指摘することができる。

　また，年収分布を男女別にみると，多くの女性が非正規雇用かつ低収入であることがわかる（図5-3）。また，こうした多くの女性が介護分野，宿泊・飲食他の観光関連分野で就業していることが他の資料等からわかる。

　こうした沖縄における非正規雇用率の高さ，低賃金労働の多い就労構造はどのようにもたらされたのか，次に歴史的な経緯をみていく。

（2）歴史的発展段階の違い

1）日本本土の戦後復興

　1946〜49（昭和21〜24）年，第二次世界大戦後の日本本土は，傾斜生産方式による戦後復興を企図し[6]，増産された石炭を燃料にして輸入した鉄鉱石を製鐵して国内の重工鉄鋼業を主軸に，建設・鉄道インフラ，自動車製造等の第二次産業に集中的に投資することで産業発展を実現してきた。その効果はまさに傾斜生産され，例えば自動車産業では，自動車1台に2〜3万点の部品，そ

2. 貧困世帯へと導く4つの要因　57

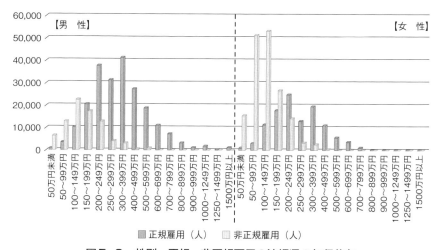

図5-3　性別，正規・非正規雇用の沖縄県の年収分布
（総務省「平成29年就業構造基本調査」より）

して素材も鋼材をはじめ，ゴム，布，ガラス，プラスチック等の生産需要を生み出し，その後のインフラ整備に伴い流通産業が興隆することで，日本本土全体に経済波及効果をもたらした。

2）沖縄の戦後復興

　他方で，1946〜49年，戦後の沖縄では，「鉄の暴風」とも呼ばれた沖縄戦を生きのびた住民たちは[7]，さらに，米軍による土地接収や軍事演習など，軍隊や軍事基地が存在するがゆえの困難に直面する。沖縄戦時から，米軍は住民たちを収容所に収容する一方で，広大な土地を接収して使用していたため，土地を奪われた住民たちは，収容所を出ても郷里に帰ることができなかった。

　当初，米軍は住民を収容者として収容していたが，収容者ではなく労働者として基地関連労働にあてるよう政策転換し，労働者としての登録，基地への通行証の発行などさまざまな手続きを設け，軍作業にかかる規定を整備し労務管理を徹底していった。

　こうした米軍政策が転換するなかで，1946年以降，米国海軍政府，米国陸軍政府，琉球列島米国民政府は，在沖米軍施設に働く沖縄住民の労務管理のために作成した個人別の労務記録カードによる労働者管理を実施した。これは，

1956（昭和31）年に米国民政府から琉球政府労働局雇用手続事務所に移管された後，施政権返還前に琉球政府立沖縄史料編集所に引き継がれた。現在は，沖縄県立公文書館に約20万枚のカードが保管されている[8]。

　この数を戦後の沖縄における人口に照らしてみると，戦前に約59万人だった沖縄県の人口は，1945（昭和20）年敗戦時に31万人となった。そのうち20万人が軍作業・雇用に就いたとみることができ，多くの県民が軍関連の建設，サービス関連で就業していたことを示している。

　沖縄では，戦後の米軍統治下の27年間で，本土のような傾斜生産方式がとられることはなかった。これは米軍統治下でありいわゆる「国家外」であったことにも起因し，日本本土のような第二次産業を主軸とした産業復興の基盤ができないまま，1972年の本土復帰を迎えることが基底となり，現代の「サービス（産）業」偏重の産業構造につながっているといえる。

3）戦後の日本国内総生産（GDP）と沖縄県内総生産

　戦後の日本国内総生産（GDP）と沖縄県内総生産をみると，1972年当時の全国GDP100兆円に対して，沖縄県は445億円と，全国の0.0445％であった。またこの低比率傾向はその後も変わらず，2006（平成18）年の全国GDP500兆円に比し，沖縄県では3.7兆円で0.74％でしかない。

　沖縄の抱える低賃金問題は，こうした沖縄県における総生産の低さが，当然に県民1人当たりでみても低所得として表れている。「平成27年度県民経済計算（平成30年4月公表）」によると，国民所得約305.9万円に対して，県民所得約216.6万円とその差89.3万円である。こうした県域全体での低所得傾向は，親世代の低賃金構造として各家庭のおかれた状況，いわゆる「子どもの貧困」問題として浮かび上がっている。

　では，沖縄の子育て世代は転職や再教育によって，直ちにこの状況を克服することができるのだろうか。沖縄の地域が抱える問題は簡単なものではない。米軍統治下の敗戦後70年余となった今でも，あらゆる産業・経済・社会制度として固着した問題が横たわっているからだ。

（3）偏重した産業構造と価格決定権の弱さ（資本蓄積の脆弱さ）

　現代の沖縄の産業構造は，第一次・第二次産業を合わせて約15％に対して，

第三次産業が約85%と偏重している。そのなかでも観光業は発展が著しいものの、非正規雇用の多い業種であり低賃金をもたらす業種でもある。また、サービス業は製造業に比し価格決定権が弱く、利益確保や資本蓄積の脆弱さが県内総生産の低位さに表れている。例えば、航空会社、宿泊会社の多くは海外資本、本土資本が進出するなか、旅行代金の内訳で主要な航空運賃、宿泊費から地域に還元され沖縄地域の資本として蓄積される額は多くはない。

　子育て世代を含む個々の労働者は、こうした産業構造のなかで個々人が就業場所を自由に選択することはできず、非正規雇用が多く低賃金な職場を選ばざるを得ない状況にある。

3. 沖縄からみえてくるもの

　日本全体でも、サービス産業化（非製造業）が進み、非正規雇用が多いが、とくに沖縄では、戦後日本本土と沖縄との歴史的経緯や経済の発展段階の違いが、現在の産業構造、雇用・労働問題への影響をもたらし、さらに、現代の「子どもの貧困問題」をももたらしていると考えることができる。沖縄の事例からは、敗戦後に敷かれた軍作業・軍雇用という働き方が第一・二次産業の発展を妨げ、第三次産業偏重の産業構造が固着化してしまい、多くの労働者は、そこへの就労を前提とした社会構造ができあがってしまっている。この社会構造こそが貧困を生み出す要因となっている。

　戦争によって変えられた暮らし方・働き方と、その後、一貫して固着化され変えられることのなかった産業構造とその下での暮らし方・働き方。未だに翻

図5-4　本土と沖縄の歴史的発展段階の違い

弄される住民生活のなかで，その喘ぎ声が「子どもの貧困問題」として世代を
超えて叫ばれている。

【引用・参考文献】

1）琉球新報「子の貧困率，沖縄37％最悪12年全国の２・７倍」（2016年１月５日）
　　沖縄タイムス「沖縄３世帯に１世帯が貧困状態　子の貧困も全国最悪」（2016年１
　　月５日）

2）戸室健作「近年における都道府県別貧困率の推移について―ワーキングプアを
　　中心に」『山形大学紀要（社会科学）』Vol. 43, No. 2，2013
　　戸室健作「資料紹介　都道府県別の貧困率，ワーキングプア率，子どもの貧困率，
　　捕捉率の検討」『山形大学人文学部研究年報』第13号，pp.33-53，2016

3）沖縄県『沖縄子ども調査　調査結果概要版』p.4，2016

4）沖縄大学地域研究所「第548回土曜教養講座　『親の子育て，就業と貧困問題』」
　　（沖大アネックス共創館），2017において提起し，経営者，シングルマザー当事者
　　等のパネラーとディスカッションから焦点化したものである。

5）総務省「平成29年就業構造基本調査の結果」
　　https://www.stat.go.jp/data/shugyou/2017/index2.html

6）黒田兼一『戦後日本の人事労務管理』ミネルヴァ書房，p.68，2018

7）沖縄タイムス社　編集『鉄の暴風―現地人による沖縄戦記』朝日新聞社，1950

8）沖縄県立公文書館 http://www.archives.pref.okinawa.jp

・沖縄県『沖縄子ども調査　調査結果概要版』，2016

・沖縄県立公文書館 http://www.archives.pref.okinawa.jp

・沖縄タイムス社　編集『鉄の暴風―現地人による沖縄戦記』朝日新聞社，1950

・総務省「平成29年就業構造基本調査」，2018

・黒田兼一『戦後日本の人事労務管理』ミネルヴァ書房，2018

・戸室健作「近年における都道府県別貧困率の推移について―ワーキングプアを中
　心に」『山形大学紀要（社会科学）』Vol. 43, No. 2，2013

・戸室健作「資料紹介　都道府県別の貧困率，ワーキングプア率，子どもの貧困率，
　捕捉率の検討」『山形大学人文学部研究年報』第13号，2016

第6章 男女共同参画社会と家庭における平等の具体化

社会と家庭における平等とは何かを問いながら

1．男女共同参画社会とは何か

（1）男女共同参画社会基本法

　1999（平成11）年に男女共同参画社会基本法が制定，施行されてから20年が経った。法律のできた背景には，1960年代後半から世界で始まった女性解放運動であるウーマン・リブ（women's liberation movement）の流れがある。明治時代から大正時代にかけての女性参政権を中心とする法律的・制度的男女差別撤廃を求めた「フェミニズム」に対して，意識レベルでの性差別撤廃を求める運動が「ウーマン・リブ」であった。

　法律の前文では，「男女が，互いにその人権を尊重しつつ責任も分かち合い，性別にかかわりなく，その個性と能力を十分に発揮することができる男女共同参画社会」と謳われ，法律の基本理念として次の5つを掲げている。

① 「男女の人権の尊重」：セクシュアル・ハラスメントやドメスティックバイオレンスなどの男女の人権侵害や，男女が個人としての能力を発揮する機会を妨げる性差別を禁じている。

② 「社会における制度又は慣行についての配慮」：社会保障や慣行が男女に中立になっているかを検討する。例えば，年金などの制度が，女性が家庭に入ることを暗に勧めているといえないだろうか。また法制度上は結婚後の姓はどちらを名乗ってもよいとあるが，戦前の民法による価値観が根強くほとんどの夫婦は夫の姓を名乗っている。

③ 「政策等の立案及び決定への共同参画」：わが国で男女とも参政権を獲得できたのは第二次大戦後であり，それほど昔のことではなく，未だに女性の参画は割合として少ない。

④ 「家庭生活における活動と他の活動の両立」：「男性が外で働き女性は家庭を守る」という性別役割分業意識が強い状況に対して，「仕事と生活の調和（ワーク・ライフ・バランス）」の大切さを唱えている。

⑤ 「国際的協調」：日本における男女平等への取組みは遅れを取っており，1975年の国連「国際女性年」をはじめとした国際的要請など国際的協調なしには国として実質的に男女共同参画を進める状況にならなかったといえる。

法律名については，当初，女性たちから「男女平等法」（Gender Equal Society）にしてほしいとの意見があがっていた。しかし，保守的な男性層では「男女平等は戦後間もなくから使われており，もっと新しい言葉がよいのではないか」などの抵抗が強く，国会で賛成多数を得るために「男女共同参画社会」が望ましいという流れだったという。そのような実態のなかで，法律を制定しただけでは根本的な状況は変わりにくいかもしれないが，社会の望ましいあり方をめざすうえで，基本法が制定されたことには大きな意義がある。私たちは，この法律の主旨を活かして男女共同参画を実践していくことが求められている。

（2）さまざまな分野における男女共同参画

各分野の実態として，具体的にはどのような男女差があり，その差は果たして，男女共同参画社会基本法がめざす方向へと変化しているといえるのだろうか。以下，分野ごとにみていきたい。

1）教育における男女共同参画

中等教育が男女別学だった戦前の日本から比べると，現代日本の教育機会は制度的には男女平等になってきているといえる。文部科学省の学校基本調査によると，1994（平成6）年には，女子の短大進学率は24.9％で，女子の大学進学率21.0％を上回り，一方で男子の大学進学率は38.9％と女子の倍近くあった。この背景には，女子は4年制大学に行くと婚期が遅れるといわれ，高卒か短大卒で就職し，結婚退職するのが理想のコースとされていた価値観が残っていた。2019（平成31）年の調査をみてみよう。高校進学率は女子が99.0％，男子が98.7％である。女子の短大進学率は7.9％に減少した。ただし大学進学率においては，女子が50.7％，男子が56.6％となっている。以前と比べると，時

代とともに女子の大学進学率は高まり，2018（平成30）年から50％を超える
ようになっている。このほか，専攻分野における男女差や，教員の男女比率に
ついても差がみられている。また，家庭や保育・学校現場における教育のなか
に，性別役割分業が根強く残ることについては，次の節で触れたい。

2）就労における男女共同参画

　1940年代（昭和時代前半）以前の日本は，自営業主（自分が経営者として
営業する者）や家族従業者（自営業に家族として従事する者）が多かったが，
現代は被雇用者（会社などに雇われている者）の割合が男女ともに増加した。
そのようななかで，2008（平成20）年のリーマン・ショック後に，失業する
者の割合が男女ともに一度ピークを迎え，その後も波がありつつも高い水準を
キープしており，雇用に対して不安を抱える人は多い。

　就労状態を年齢別にグラフで表すと，女性はM字型，男性は台形を描くと
いわれている。女性は育児期に仕事をやめ，子どもに手がかからなくなった年
齢層で再び仕事に就き始めるためM字を描く。一方男性は20歳代後半から50
歳代までほぼ変わらず高い割合をキープして台形を描くのである。しかし，出
産の高年齢化や女性の社会進出により，女性の就労状態を描くM字型の形は
徐々に変わりつつある。また女性労働者の実情として，有配偶者や子どものい
る母親の労働力の高まりがあるが，その背景には，女性の社会進出だけではな
く，少子高齢化や高学歴化のなかで，夫一人の収入では厳しい状況からパート
就労する女性の増加も影響していると考えられている。

　女性労働者の増加に伴い，1986（昭和61）年に男女雇用機会均等法が施行
され，募集・採用や，配置・昇進における男女均等をめざすことが謳われるよ
うになった。さらに1999（平成11）年の同法改正により，女性のみを対象と
するものではなく，男女ともに対象とし，ジェンダーの視点が加わった。例え
ば，特定の性だけを示す職種名の募集を禁止し，「スチュワーデス」は「フラ
イトアテンダント」，「カメラマン」は「カメラスタッフ」と両性を示す職種名
の募集に変わっていった。

　しかしこのような動きのなかでも，日本には目に見えない「性別職域分離」
の意識がある。医師，弁護士，警察官など，従来は男性職域と考えられていた
職業への女性進出が進むなかで，いまだ管理職は男性の仕事という価値観があ

る。また，従来は女性職域と考えられ「看護婦」「保母」と呼ばれていた職種
も，男性進出により「看護師」「保育士」と名称変更されるようになったが，
男性の割合はまだ少ない。

3）政治における男女共同参画

日本で男女ともに参政権を獲得できたのは，第二次世界大戦後である。戦前
の女性は納税義務があるのに選挙権は与えられていないうえに，政治演説を聞
きに行くことさえ禁止された時代もあった。さまざまな運動を経て，1945（昭
和20）年に選挙法が改正され，有権者資格は男女とも20歳以上となり，女性
はここで初めて参政権を獲得した。1946（昭和21）年の衆議院総選挙では，
女性は79名が立候補し，立候補者における女性の割合は2.9％であった。社会
の半分を構成する女性の政治参画が軽視されたなかで，物事が決まっていくの
はおかしなことであり，政治における男女共同参画の必要性が求められてきた
経緯はごく当たり前のことである。

2．家族の多様化に応える男女共同参画社会とは

現代の日本においては，少子高齢化・女性の社会進出といった「社会の動
き」，核家族（夫婦のみ，もしくはひとり親と未婚の子どもで構成される家
族）・若年出産・高齢出産の増加といった「家族のあり方の傾向」，ひとり親家
族・ステップ家族（p.4参照）・里親養育といった「家族のかたちの多様化」が
みられる。そのような社会において男女共同参画を実現させるためには，どう
いった動きが求められるのだろうか。

（1）民法改正の動き

明治時代に制定された旧民法は，戸主を中心とする「家制度」を規定し，結
婚した女性は無能力者であり法律的行為能力がないとされていた。戸主は原則
男性であり，家族の扶養義務を負う代わりに婚姻や財産等に関して権利をもっ
ていた。結婚は家のためであり，本人同士の意思で決められるものではなかっ
た。1948（昭和23）年に民法が改正され，家制度は廃止されたが，「お嫁に行
く」という表現や，「長男の嫁は義父母の介護を担うことになる」といった考
えをもつ人は今でも残っている。民法改正から70年以上が経ち，「婚姻適齢を

男女とも満18歳とする」「再婚禁止年齢の短縮」「夫婦別姓」「離婚」「相続」などに関して，社会の意識変化に合わせ，新たに改正を求める運動が続いてきた。法改正の実現をようやく迎えた部分もあれば，中断しまだ改正に至る目途が立たないものもある。

（2）ジェンダーの視点で問い直す

　ジェンダー（gender）とは，「社会的性差」と訳され，広い意味では「性に関する社会のしくみ」ととらえることができる。「生物学的性別」であるセックス（sex）はこれまで男女の二分化で語られてきた。しかし性の多様性を，からだ，こころ，文化，社会の視点から広くとらえ直す必要があるといわれている。

　1950年代後半から1960年代にかけての高度経済成長期においては，「男は仕事，女は家庭」の性別役割分業が効率的とされてきた。その後，経済不況を迎えて世帯収入が減少し，労働に費やす時間が長い状態が続くなかで，女性の社会進出や高齢出産とあいまって，子育てに対する不安が募り，少子化が進んでいる。今の社会は，男女の二分化かつ偏った役割分業のひずみが出てきているようにもみえる。

　育児休業制度や介護休業制度が規定され，男性による取得も推奨されているが，実態としてはまだ男性の取得率は低く，その背景には昔ながらの社会風土が感じられる。またキャリアを積み重ねてきた女性にとっては，産休・育休を取得することにより復帰後の道筋を失う不安を抱え，タイミングを見失うことにもなる。

　筆者自身も，福祉現場を離れ大学に職を得た際に第一子を妊娠した。年度途中で産休から復帰するために，当時同じく福祉現場にいた夫が退職し，現在も専業主夫として2歳児を抱えて家事育児の大半を担っている。筆者の仕事を応援してくれる家族や同僚たちに感謝する日々であるが，育児に対する世間の価値観の重圧に落ち込むこともあった。また筆者は任期付き雇用形態であり，夫婦そして家族のライフプランに悩む最中にいる。

　家族のあり方が多様化され，男女共同参画社会がめざされる現代においてもなお，保育・教育現場やメディアでは，「男らしさ・女らしさ」が根底に流れ

66 第6章 男女共同参画社会と家庭における平等の具体化

◆コラム：理想の高さと現実のギャップに苦しむママたち

　自治体から委託され，「赤ちゃん訪問」（新生児訪問）事業に長年携わってきた助産師のゆうこさんは，「器用じゃない親が増えている」と感じている。子育て不安が高い人は，勉強熱心で真面目で目標の高い人が多く，こうあるべきといった理想を実行するために，一生懸命がんばって自分で自分を追い込んで，社会の支援にもつながろうとしない。

一時保育を使ってはダメ？

　ある日，ゆうこさんは不妊治療の末に高齢出産した専業主婦のＡ子さん宅を訪問する。Ａ子さんは，高齢の親からの支援は受けられない状態で，心身疲れ果てたため，夫に「一時保育を使いたい」と相談したという。しかし夫は，一時保育はもちろん，親子が集えるひろば利用やサークル参加も反対する。病気をもらうからというのが理由である。他にもＡ子さんの入浴中に子どもに事故があるといけないので夫が帰宅するまで入浴してはいけない，買い物は夫が休みの日に一緒に行くように言われている。Ａ子さんは，ここ数日，過換気症状で息がしにくい状態だという。

　ゆうこさんは「そのような行動制限が入ったら，それはDVだよ」とＡ子さんに伝えるが，Ａ子さんは夫の優しさを説明し，DVだと認めない。ゆうこさんがＡ子さんの夫に対して怒りを覚えていることを伝え，「Ａ子さんも怒っていいんだよ」と声をかけると，Ａ子さんの心境に変化が起き始める。さらにゆうこさんから，「すでに過換気症状という身体症状が出ていること，産後うつになり入院加療が必要になったらどうするのか」と，健康状態が悪いなかで，夫に現状の深刻さをわかってもらうための具体的な伝え方を助言されたＡ子さんは，夫ともう一度向き合って話し合う決意をする。

父親たちの想像力が育っていない

　Ａ子さんの事例に関してとくにいえることは，夫の想像力の欠如だとゆうこさんは指摘する。子どもを他児と触れ合わさせず，病気やけがをさせず，Ａ子さんの自由はなく子どものために生きていく。それをＡ子さんがどう思うかは考えない。またその環境が本当に子どもにとって安心で健康的だといえるのか，深く考えることができていない。

　最近の父親たちのなかには，家事・育児に積極的に参加できていると自負する人も増えているが，実際の行動について詳しく聞くと，ごみはまとめておいてくれたものを出勤のついでに出すだけ。食事の後にお皿を洗うだけ。子ども

と一緒に湯舟につかるだけ。さらには「疲れたらごはんはコンビニで買ってくればいいよ」と理解あるつもりで声をかける。こういった言動自体は優しさであり、救われる部分もあるのは事実だが、父親たちは、子育てをしながら家事をこなすことがいかに大変か具体的に想像できていない。ごみに関しては分別し、お風呂の髪の毛もとりビニールに詰めてまとめる。料理に関しては子連れで材料を買って、作って、洗った調理器具や食器を棚に戻す。合間に離乳食も作るが、思うように食べてくれずに吐き出すこともある。お風呂に関しては出た後に子どもに保湿クリームをぬって服を着せるまでが大変である。そういったこまごました一連の流れを、乳幼児のペースに振り回されながらこなすことは容易ではない。コンビニまで子連れで買い物に行くためには、身支度準備から、走り回り、時にぐずるわが子と品物を選び会計することまでどれだけ労力を使うのか、想像力に欠けているのである。

　また、父親だけではなく母親も想像力が育っていない人が多いとゆうこさんは加える。出産がゴールだと思っている。産前の準備期間で、どこまで具体的に現実を知ることができるか。現実を知ることは不安も募るかもしれないが、備えることができる。

　想像力が育たない現状を打破するためには、小さな頃からの体験が大切だとゆうこさんは語る。ネグレクトによる経験の貧困状態にある子どもや、逆に小さな頃からいろいろな習い事に忙しい子どもたちもいるが、家のお手伝いにたくさん参加してもらおう。部分的なお手伝いから始まって、慣れてきたら、ごみ捨てでもお料理でも「家事の一連の流れ」を体験する機会をもつのである。

何かしなきゃいけないと思わずに、まずは寝るんだよ

　A子さんの場合は、一時保育の利用を夫に反対された際、夫の意見も一理あると、辛さを抱え込んでしまっていた。コミュニケーションが一方通行の育児環境は孤独だったと思われる。「一時保育に預けられたら、何よりもまず、世界平和のために寝るんだよ」と、ゆうこさんはA子さんに伝えた。人の心は、睡眠と、誰かに話を聞いてもらうことで、だいぶ回復するとゆうこさんは考える。体力が回復したら、大人相手に日本語をしゃべることだ。自分でおしゃべりしながら、自己カウンセリングもできる。子どもの安心・安全な環境づくりは、まずA子さんの心身の回復があってこそなのである。

続けてはいないだろうか。その暗黙の教育が「家事に向いており優しい気質である女性＝母親が子育てすべき」という思想につながっている。実態として女性が仕事も育児も担わなければいけないという負担感と，女性の自立にとって育児が妨げになるのではという不安感が社会に生まれる。すると一部の医学や心理学等の専門家たちが，母子の絆の大切さを強調して説き，ますます子育て不安を増幅させるという悪循環があるようにも見受けられる。幼少期よりジェンダー教育・性教育を積極的に取り入れること，そしてまず誰よりも私たち自身のジェンダー意識に関する「当たり前」について価値観を問い直す必要がある。

３．男女共同参画社会において求められているもの

　戦後の日本において，家族のあり方にも変化が起き，不登校，家庭内暴力，子ども虐待，ひきこもり，子どもの貧困，ダブルケア（育児と介護の同時進行）などといった現象が注目されるようになった。近年では「ワンオペ（ワン・オペレーション）育児」なる言葉が生まれ，何らかの理由で夫婦が離れて暮らしている状態や，同居していてもパートナーの長時間労働等による育児・家事関与の少なさによって，ひとりで家事と育児（時に仕事も）をこなしている状況のことをさす。この言葉は，今は専業主婦（夫）にも使われるが，言葉がつくられた当初は，共働き世帯において「男は仕事，女は仕事も家庭も」という"新"性別役割分業になっている状況をさしていた。

　私たちは，家族の「かたち」ではなく，このようなさまざまな状況を見極めるちからを育てなくてはならない。

（1）女性だけでなく男性も安心できる教育と社会づくり

　「男性がコンプレックスや不安を抱えていると，女性に優しくできない」，「女性が大事にされるためには，男性も大切にされて安心できないといけない」と，「コラム」に登場したゆうこさんは語る。「男の子なんだから泣いちゃだめだよ」といった性別役割分業意識につながるような幼少期からの教えによって，男子も傷つくことがある。

　「子育てや家事は母親に任せるべき」「懸命に働くことが父親としての責任」

という価値観は，母親の完璧をめざす子育て不安にもつながり得るが，父親にとってもプレッシャーとなり，リストラや定年により仕事を失った後に，自信喪失や扶養者としての重圧から自死を選ぶことさえもある。

幼少期からのジェンダー教育・性教育の浸透が，望まぬ若年の妊娠予防や，子育て不安の予防につながるであろう。また，「妊娠期からの切れ目のない支援」が大切といわれるが，保育と教育の切れ目ない統合をめざして，地域全体にジェンダーの視点が育まれることも求められる。

前述してきたように，法改正の動きが家族のあり方の変化に追いつかないこともあれば，法律や制度ができても人々が古い価値観にしばられたままということもある。私たちは，社会の変化を柔軟に見極め，「当たり前」といわれていることに疑問をもつ心を育てていかなければならない。

そして，「家族は失敗してはいけない」とプレッシャーを感じる自己責任型の社会ではなく，安定した雇用供給と公的資源システムの充実を国家が保障していくことが求められる。

（2）家庭における平等と地域のちから

現代の家庭が真に必要とする平等とは，家事・育児・仕事を，量的な意味でフィフティ・フィフティに分担することではない。また性別役割分業でもなく，家族の多様化とその時々の家族状況に応じた役割分担を，パートナーと柔軟に検討し，地域社会の資源を活用し支え合えることで初めて実現されるのではないか。そして夫婦それぞれにとってのワーク・ライフ・バランス（仕事と生活の調和）が継続されるためには，古い制度の価値観に引っ張られることなく，新しい制度への変革を求め続ける姿勢をもち続け，風通しのよい社会風土を私たち一人ひとりが育てていくことが何よりも大切である。

そのためには，負担を抱える親子を早期に発見し，長期的に寄り添う覚悟をもち，「地域で親子を育てる」視点を育む必要がある。完璧な親でなければはじかれるのではなく，多様な家族のあり方を受け入れ，親として育っていくことをサポートできる器が，地域ネットワークには求められている。

70　第6章　男女共同参画社会と家庭における平等の具体化

【参考文献】

・原ひろ子・小林登『[対談] 子育ては母親だけの責任か』メディサイエンス社，1991

・藤原千賀『男女共同参画社会と市民』武蔵野大学出版会，2012

・文部科学省「学校基本調査」各年

・西岡正子編『未来をひらく男女共同参画　ジェンダーの視点から』ミネルヴァ書房，2016

・OECD編『図表でみる男女格差　OECDジェンダー白書2　今なお蔓延る不平等に終止符を！』明石書店，2018

・筒井淳也『結婚と家族のこれから　共働き社会の限界』光文社，2016

・湯澤直美「標準家族モデルの転換とジェンダー平等―父子世帯にみる子育てと労働をめぐって―」『転げ落ちない社会　困窮と孤立をふせぐ制度戦略』（宮本太郎編）勁草書房，2017

第7章 子ども家庭支援のために役立つ法律・制度

法制度を活用するちからを育むために

1．少子化に伴う子ども・子育て環境

わが国では，結婚行動の変化（未婚化）や晩婚化，結婚に対する価値観の多様化が進み，皆婚社会は崩れつつある。生涯未婚率は男性23.4％，女性14.1％（国立社会保障・人口問題研究所，2018）と上昇しており，少子化対策が実効性をもったものにならなければ，今後も結婚前世代の晩婚化，未婚化は進展し，その結果として夫婦の出生力は低下し，少子化が継続していくことになる。

少子化社会は，経済面においては，①労働人口の減少，②経済成長の制約，③現役世代の負担増加（年金，医療，福祉等の社会保障の分野における現役世代の負担増加），さらには④現役世代の手取り収入が低迷し，共働き夫婦の増加につながっていくことになる。その一方で生まれてきた子どもに目を向けると，①子どもの成長への懸念，②親の過保護や過干渉，③異年齢の子ども同士の交流の減少，④社会性が育まれにくい環境にある，など子どもの健全育成にも少なからず影響を与えている。

そのため，保育者はこれらの現状を踏まえた子ども家庭支援を行っていくことが期待されている。

2．保育者が支援する子どもと家庭の変容

なぜ，保育者が子ども家庭支援を行う必要があるのだろうか。さまざまな理由があげられるが，いくつかの要因のひとつに家族形態の変化がある。昔はアニメの「ちびまる子ちゃん」や「サザエさん」のような祖父母や父母とその子どもで暮らす三世代世帯が一般的であったが，厚生労働省の世帯構造別にみた世帯数の構成割合の年次推移によると，三世代世帯は1980（昭和55）年の

12.2％をピークに低下し，2018（平成30）年には5.3％まで低下している。三世代世帯の親世代の父母は，子育てに関して祖父母から助言をもらい，家事や育児などを分担し，日常生活のさまざまな場面で協力し合うことで，とくに母親はひとりで子育てを背負い込まなくても済んでいた。

　祖父母も孫との生活で生活に張りや刺激を得たり，子どもは祖父母と触れ合いながら成長することもできた。しかし，現代では「クレヨンしんちゃん」にみられるような親と子どもだけで暮らす核家族化や家族の小規模化が進展している。また，祖父母世帯と親世代の生きてきた時代背景や社会環境，文化の違いから生ずる摩擦などを敬遠し，親との同居について若い世代に意識の変化がみられていることも家族形態の変化に影響を与えている。加えて故郷から離れて都会で暮らす人たちも増え，近所に親戚や友人がいないことによる育児の孤立や不安という状況も生じている。

　一方，最近では「イクメン」と呼ばれる子育てに積極的に参加する父親も増え，父親の育児休業取得率の実状は長期的にみれば上昇傾向にあるものの，厚生労働省によれば，5.14％にとどまっている（平成29年度雇用均等基本調査）。実際には父親は仕事で帰宅が遅く，実質的な子育ては母親が担っている家庭も多い。このようななかで，母親が育児に疲れたときに身近に相談や援助を求められる人が誰もいない孤立した状況にある場合，虐待につながってしまうこともある。また近年は，共働き家庭やひとり親家庭も増えてきている。厚生労働省「ひとり親家庭等の現状について」（2016年）によれば，1988（昭和63）年から2011（平成23）年の25年間で母子世帯は1.5倍，父子世帯は1.3倍に増えている。夫婦共に仕事が忙しく，夫婦そろっての育児でも難しいことが多いが，ひとり親家庭となると家事や育児のすべてをひとりで行わなければならず，より子育てを行うことが困難になりやすい状況にある。このような家庭の形態の変容を踏まえながら，そのなかで暮らす子どもと子育てにあたる保護者を理解し，子育て支援としての機能を保育者が担うことはますます重要な役割となっている。

3. 子ども家庭支援を支えるために

　わが国における子ども家庭支援の中心的な目標は，子ども自身と養育の第一義的な責任者である保護者と家族が育ち合うなかで，よりよく生き，自己実現が保障されるように社会的な支援体制を整えていくことにある。このことを具体的に支援することが保育者に求められている。

　私たちが生きている現代社会においては，子どもを生み育てることは容易なことではない。子どもの生存や発達，自立を保障していく過程でなんらかの困難に直面することもある。とくに急速な少子化の進行や核家族化，混迷する経済状況は子どもと家庭を取り巻く環境の変化に影響を与えている。この変化による困難さや生きづらさを抱えた子どもや家庭が増加している。例えば，貧富の格差の増大にみられる経済的な問題（貧困），女性の労働力をあてにした労働政策により，子どもをどこに預けるのかといった問題（保育）が生じている。また，初めての育児による子育ての不安や孤立化，女性の仕事と育児の両立を当たり前のように求めることによる負担感の問題（子育て）やひとり親家庭，ステップ家族の抱える問題（特別な配慮を必要とする家庭），子どもの虐待問題（社会的養護）などである。これらは子ども個人や保護者，家族のちからで解決できるものばかりではなく，子ども家庭支援に関係する法律や制度を活用しながら問題の解決につなげることも少なくない。

　法律に従い，法律に守られながら円滑に制度を申請，利用しながら子どもを養育している保護者もいれば，申請主義に基づく行政サービスについては，申請手続きに伴走的な支援者が必要な保護者がいる。いずれにしても，私たちは日常的に法律や制度，サービスと密接に関係しながら生活を送っており，例えば妊娠した妊婦は，母子保健法に基づき母子健康手帳の交付を市区町村の窓口で受け，出産までの妊婦の健康状態や体調，健診の記録，出産の際に新生児の身長や体重，母親の健康状態や出産の状況など，重要な情報を記入していくことになる。新しい命が誕生すれば，養育者は戸籍法に基づき，14日以内に出生地の市区町村の窓口に医師や助産師などによる出生証明書を添えて出生届の手続きをしなければならい。このことにより，新生児も住民登録され社会の一員として各種の母子保健制度や福祉サービスを利用できるようになる。このよ

うに生まれてから亡くなるまでの一生涯の間，それぞれのライフステージや子どもと家庭の状況に合わせながら多くの法律や制度を利用して私たちは生きているのである。

とくに子どもの場合，子どもの権利条約第3条第1項に示された子どもの最善の利益を保障し，ウェルビーイングを実現するために，さまざまな法律や制度によって支えられている。これは特別なニーズや配慮を必要とする子どもに限定したものではなく，すべての子どもや保護者と家族を対象にして行われるものである。また，子どもに対する施策は，法律と制度を充実させ，家庭における養育を社会と行政が支援することによって問題を未然に予防し，子どもの発達や子育て家庭の自立を促進し，自己実現を促していく方向に制度設計され始めている。

子ども・子育てに関して保護者や家族にのみ任せるのではなく，国や地方自治体をはじめとする社会全体で責任をもって子どもと家庭を支援し，最低限度のサービスから質の高い多次元サービスへ広がりをもたせていくなかで，子どもが生まれながらに有している成長・発達の可能性を最大限発揮できるような支援が求められている。

子ども家庭支援の根幹には，子どもが健やかに生み育てられる環境づくりと次世代育成支援という新たな視点が加えられ，法律や制度がつくられている。家庭における養育を保育者として支援していく立場にある者は，関連する法律や制度，サービスについて十分に理解を深め，子どもと家庭の福祉の充実のために努めていく必要がある。

4．子どもと家庭を支援するための法律と制度

すべての子どもと子育て家庭を対象にした幼児教育や保育，地域子ども・子育て支援に関する法律や制度，サービスは多岐にわたる。法律は，単なる約束事や決まり事だけではなく，社会規範のひとつとしてこの国のすべての人が守ることによって社会の秩序を維持し，人々の生活が混乱しないようにするための基準であるとともに，理念や概念を具体化していく側面もあわせもっている。

法律ひとつをとっても，最高法規に位置づけられている日本国憲法から現在

4. 子どもと家庭を支援するための法律と制度　*75*

表7-1　子ども・子育て支援に関する主な法律の概要

上位の法律・理念や概念　↑

下位の法律・理念や概念の具体化　↓

憲　法	日本国憲法
条約，憲章	子どもの権利条約 児童憲章
法　律	〈子どもの福祉に関する法律〉 児童福祉六法（児童福祉法，児童扶養手当法，特別児童扶養手当等に関する法律，母子及び父子並びに寡婦福祉法，母子保健法，児童手当法） 〈子育て支援に関する法律〉 次世代育成支援対策推進法，少子化社会対策基本法，子ども・子育て支援法等 〈子どもの教育・保育に関する法律〉 学校教育法，教育基本法，就学前の子どもに関する教育，保育等の総合的な提供の推進に関する法律（略称：認定こども園法）等 〈子どもの生活，安全，健康，食育に関する法律〉 子どもの貧困対策の推進に関する法律，学校保健安全法，児童虐待の防止等に関する法律（略称：児童虐待防止法），食育基本法等 〈社会福祉に関する法律〉 社会福祉法，発達障害者支援法等 〈労働に関する法律〉 育児休業，介護休業等育児又は家族介護を行う労働者の福祉に関する法律（略称：育児・介護休業法）等
政令，省令，訓令，通達等	省略

のわが国における子どもと養育家庭への支援に関する法律や制度，サービスの中核をなす児童福祉六法（児童福祉法，児童扶養手当法，特別児童扶養手当等に関する法律，母子及び父子並びに寡婦福祉法，母子保健法，児童手当法）や次世代育成支援対策推進法，少子化社会対策基本法など，非常に広い範囲に及ぶものである。表7-1に示すように，日本国憲法などの上位の法律ほど，理念や概念を規定しており，下位の法律や政令，省令，訓令，通達等になるにつれて，その理念や概念を実現するための具体的な内容となっている。

76　第7章　子ども家庭支援のために役立つ法律・制度

5．子ども・子育て支援制度の概要

　2015（平成27）年度に始まった「子ども・子育て支援制度」は，乳幼児期の学校教育や保育，地域の子育て支援の量の拡充や質の向上を進めていくためにつくられた制度である。学校教育や保育が必要な子どものいる家庭だけではなく，すべての家庭を対象に地域のニーズに応じた多様な子育て支援を通して，子どもたちがより豊かに育っていける支援をめざしている（図7-1）。

　また，保護者が地域の学校教育や保育，子育て支援事業などを円滑に利用できるよう情報提供や助言指導などを行う利用者支援事業や，子育ての相談や親子同士の交流ができる地域子育て支援拠点事業，一時預かり事業，放課後児童クラブなど，市町村が行う事業は「地域子ども・子育て支援事業」として法律上に位置づけられている。財政支援を強化して，その拡充を図ることとされている（表7-2）。

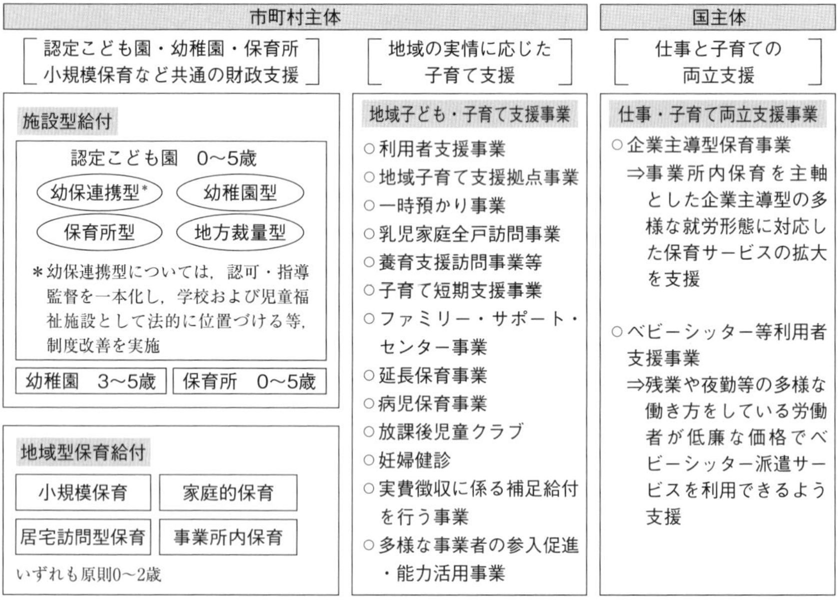

市町村主体		国主体
認定こども園・幼稚園・保育所 小規模保育など共通の財政支援	地域の実情に応じた 子育て支援	仕事と子育ての 両立支援

施設型給付

認定こども園　0～5歳
- 幼保連携型*
- 幼稚園型
- 保育所型
- 地方裁量型

*幼保連携型については，認可・指導監督を一本化し，学校および児童福祉施設として法的に位置づける等，制度改善を実施

幼稚園　3～5歳　　保育所　0～5歳

地域型保育給付
- 小規模保育
- 家庭的保育
- 居宅訪問型保育
- 事業所内保育

いずれも原則0～2歳

地域子ども・子育て支援事業
- ○利用者支援事業
- ○地域子育て支援拠点事業
- ○一時預かり事業
- ○乳児家庭全戸訪問事業
- ○養育支援訪問事業等
- ○子育て短期支援事業
- ○ファミリー・サポート・センター事業
- ○延長保育事業
- ○病児保育事業
- ○放課後児童クラブ
- ○妊婦健診
- ○実費徴収に係る補足給付を行う事業
- ○多様な事業者の参入促進・能力活用事業

仕事・子育て両立支援事業
- ○企業主導型保育事業
  - ⇒事業所内保育を主軸とした企業主導型の多様な就労形態に対応した保育サービスの拡大を支援
- ○ベビーシッター等利用者支援事業
  - ⇒残業や夜勤等の多様な働き方をしている労働者が低廉な価格でベビーシッター派遣サービスを利用できるよう支援

図7-1　子ども・子育て支援制度における保育の実施体系（2016年4月）

（内閣府『平成28年版少子化社会対策白書』，2016より作成）

5. 子ども・子育て支援制度の概要　*77*

表7-2　地域子ども・子育て支援事業

地域子ども・子育て支援事業の概要	
子ども・子育て支援法第59条により，市町村は子ども・子育て家庭等を対象とする事業として，市町村子ども・子育て支援事業計画にしたがって，下記に示された事業を実施する。国または都道府県は同法に基づき，事業を実施するために必要な費用にあてるため，交付金を交付することができる。	
事業名	概　要
利用者支援事業	子どもまたは保護者の身近な場所で，教育・保育施設や地域の子育て支援等に関わる情報提供および必要に応じて相談・助言等を行うとともに，関係機関との連絡調整等を実施
地域子育て支援拠点事業	乳幼児およびその保護者が相互交流を行う場を開設し，子育てについての相談，情報の提供，助言その他の援助を行う
妊産婦健康診査	妊婦の健康の保持および増進を図るため，妊婦に対する健康審査として，①健康状態の把握，②検査・計測，③保健指導を実施。妊娠期間中に必要に応じ医学的検査を実施
乳児家庭全戸訪問事業	生後4か月までの乳幼児のいるすべての家庭を保健師や保育士等が訪問し，子育て支援に関する情報提供や養育環境の把握を行い，適切な養育の実施を確保する
養育支援訪問事業	養育支援が必要な家庭に対して保健師や保育士等がその居宅を訪問して養育に関する指導，助言を行い，その家庭での適切な養育の実施を確保する
子どもを守る地域ネットワーク機能強化事業	要保護児童対策地域協議会（子どもを守る地域ネットワーク）の機能強化を図るため，調整機関職員やネットワーク構成員の専門性強化とネットワーク機関間の連携強化を図ることを目的とした取組みを実施
子育て短期支援事業	保護者の疾病等の理由により，家庭での養育が一時的に困難になった場合に，子どもを児童養護施設等に入所させ，短期入所生活援助（ショートステイ）事業，夜間養護等（トワイライトステイ）事業等，保護を行う
ファミリー・サポート・センター事業	乳幼児や小学生等の児童を有する子育て中の保護者を会員として，児童の預かり等の援助を受けることを希望する者と，当該援助を行うことを希望する者との相互援助活動に関する連絡，調整を行う
一時預かり事業	家庭において保育を受けることが一時的に困難となった乳幼児について，主として昼間において認定ごと園，幼稚園，保育所，地域子育て支援拠点その他の場所で一時的に預かり，必要な保育を行う
延長保育事業	保育認定を受けた子どもについて，通常の利用日，利用時間以外に保育所や認定こども園等で保育を実施する
病児保育事業	病気や病後の子どもを保護者が家庭で保育できない場合に，病院・保育所等に付設された専用スペースにおいて看護師等が一時的に保育等を行う
放課後児童健全育成事業（放課後児童クラブ）	保護者が労働等により，昼間家庭にいない小学校に就業している児童に対し，授業の終了後や休業中に児童館等を利用して遊び，生活の場を提供して，その健全育成を図る（いわゆる学童保育）
実費徴収に係る補足給付を行う事業	保護者の世帯所得の状況等を勘案し，特定教育・保育施設等に対して保護者が支払うべき日用品等，教育・保育に必要な物品の購入に要する費用や行事への参加に要する費用等を助成する
多様な主体が本制度に参入することを促進するための事業	多様な事業者の参入を支援するほか，特別な支援を必要とする子どもを受け入れる認定こども園の設置者に対して，必要な費用の一部を補助する

6．制度やサービスを活用するための手続き

　子ども・子育てに関する法律と制度，サービスを活用するにあたり，行政の情報，とりわけ子どもの養育に関する情報は，子育て家庭の生活に大きな影響を与えることがある。一人ひとりが求めているニーズを満たしていくために，各家庭の実状にあった子ども家庭支援サービスが必要とされるときに活用されるべきである。そのために，公的（フォーマル）機関および民間（インフォーマル）機関において，相談や直接支援，情報提供等が行われる。

　このうち，行政機関が関与する公的な制度，サービスの活用は申請主義を手続きの中心としている。すなわち，わが国における社会福祉の諸制度，サービス，諸給付は，多くの場合，受給資格者からの受給申請を待って手続きをとる申請主義により，行政手続きがなされている。これについては一般的に，「あなたはこの制度の受給要件に該当していますから申請してください」などの親切な声かけをしてくれることはほとんど期待できない。「子どもの療育手帳を取得したい」「特別児童扶養手当を利用したい」「遠方の親が体調を崩して子どもを連れて帰省することが難しいので，子育て短期支援事業を利用したい」など，保護者が活用したい制度，サービスがあっても，利用者が相談窓口を訪れなければ支援を届けたり，支援に結びつかないという限界がある。行政機関のホームページ等では各種制度のインフォメーションがなされているが，自分がどの制度の受給要件に該当するか以前に，自分の生活上の困り事に対してサポートしてくれる制度を見つけることもまた難しいことから，国および地方自治体は制度やサービスの周知が十分に届いていない場合，その改善に取り組む必要がある。また，突然やってくる困難に対しては，冷静な思考や判断能力が低下することもあることから，伴走支援を行ってくれる支援者も必要とされる。

　社会資源を活用する際，保育者は保護者や家庭が直面している問題に直接対応するためだけではなく，一人ひとりの当事者の課題を解決するために，制度やサービスにつなげるとこによって，自ら問題解決するきっかけを提供するという側面もある。例えば，民間機関を利用する保護者のなかには，「一緒に子育てのことを考えてくれる仲間を見つけて交流をしたい」，「子育てのための学習の機会がほしい」などの要望もあると考えられる。このような場合，近くに

ある子育てサークルを紹介したり，社会活動の仲間を紹介するのも，相談や情報提供サービスのひとつになる。そのため，保育者として，このような業務を担当することになった場合には，地域にある公的な社会資源のみならず，自分が住んでいる，あるいは自分が勤めている保育所等の周りには，どのような民間の社会資源や活動があるのかについても情報を収集し，いつでも引き出すことができるように整理しておく必要がある。常に新しい情報を提供できるように準備しておくことも保育者に求められている。

7．法制度を活用するちからを育むために

　子ども・子育て支援に関する制度やサービスを保護者が利用する際に，保育者が行う援助では，養育者が主体的に子育てに向き合うちからを培っていくことを支える視点と，保護者の主体性が発揮できるような支援を大切にしなければならない。すべて段取りしてお客様のようにしてしまうのではなく，今，課題となっていることを解決するためにどのような制度やサービスがあるのかを交流や学習などの自主的な活動につなげて理解を深めていくこと，さらには，保護者との信頼関係を築きながら，学習会を企画したり，その実施に至る過程を一緒につくっていく体制を心がけることも大切である。

　また，保育者が制度やサービスを一方的に押しつけるのではなく，相互の気づき合いや支え合い，学び合いの関係を支える視点をもちながら援助することも重要である。その際に，子ども・子育て支援に関する制度やサービスのことばかりではなく，例えば，子どもの成長・発達や子育ての喜びを実感できない保護者が先輩の保護者と出会う場を設けることにより，自分の子育てに見通しがもてるようになったり，子育てを相対化し，過保護・過干渉，放任などを見直す機会になることもあることから，保育所等のもつ機能を有効活用しながら，困難や課題に向き合う保護者のはじめの一歩を支える取組みも重要である。

　さらに，自ら積極的に援助を求めてくる保護者ばかりではないことから，必要な支援にめぐり会っていない人や，人との関係づくりが苦手で保育者に相談することが苦手であったり，地域活動に参加できない保護者なども生活している。したがって，子ども・子育て支援に関する制度やサービス，子育てメニューをただ提示するだけではく，専門機関や子育て団体，また地域住民との連

携，協力の関係を図っていくことによって，必要としている援助を保護者に届ける支援，すなわちアウトリーチの視点も重要になる。

【参 考 文 献】

・本章の法令に関しては，電子政府の総合窓口e-Gov「法令検索」サービスを活用した。http://elaws.e-gov.go.jp/search/elawsSearch/
・国立社会保障・人口問題研究所編『人口統計資料集2018』，2018
・厚生労働省大臣官房統計情報部編『国民生活基礎調査（平成25年）の結果からグラフでみる世帯の状況』，2014
・厚生労働省編『平成29年度雇用均等基本調査』
　https://www.mhlw.go.jp/toukei/list/
・厚生労働省編『平成28年度全国ひとり親世帯等調査結果報告』
　https://www.mhlw.go.jp/stf/seisakunitsuite/bunya/0000188147.html
・内閣府「子ども・子育て支援新制度の概要等」
　https://www8.cao.go.jp/shoushi/shinseido/outline/index.html
・吉田眞理『児童の福祉を支える家庭支援論』萌文書林，2011
・橋本真紀・山縣文治編『よくわかる家庭援助論』ミネルヴァ書房，2007
・山本伸晴・白幡久美子編『改訂　保育士をめざす人の家族援助』みらい，2009
・松本園子・永田陽子・福川須美・堀口美智子編『実践　家庭支援論』ななみ書房，2011

第8章 子育て支援サービスの機能とその落とし穴

女性に向けられた支援の実際と女性役割機能の「強化」

1．はじめに─リフレッシュ休暇の取得と保育現場の事情─

（1）ある保育所での会話から

あるとき保育所の会議でこんなことが話題にのぼった。

A保育者：Kちゃんのお母さんは会社でリフレッシュ休暇が取れているよう
　　　　　だけど，この前休みを取ったときにKちゃんを預けにきたんだよ。

B保育者：へえ，そうなんだ〜。だったらKちゃんを家でゆっくり見てくれ
　　　　　ればいいのにね。なんでも保育園に任せてしまうんだから，できることは
　　　　　やってもらいたいよね。

ベテランC保育者：昔はそんな勝手な保護者はいなかったけど，今は自分が
　　　　　楽になることを優先して考える親が多くなったので，保育もやりにくくな
　　　　　ったよね。現場の私たちのことも考えてもらいたいと思うんだけど・・・。

新人D保育者：わが子と一緒にいれば，リフレッシュできるんじゃないです
　　　　　か。

E保育者：確かにねえ。でもリフレッシュするのは，それぞれの保護者によ
　　　　　ってちがいがあるんじゃないかな。私たちだって，子どもたちから解放さ
　　　　　れる時間が必要なときもあるからね。

F保育者：Kちゃんの母親とよく話すんだけど，会社で目いっぱい働いてい
　　　　　て，夫の協力もなく，家でも食事・洗濯・家事・育児を一人でやってい
　　　　　て，体力の限界って感じですよ。

（2）「子ども家庭支援」は何をめざすか

さて，もしこの話題のなかにあなたがいるとしたら，どのようなことを言う

のだろうか。ひとり子どもが登園しないと，保育がゆったりすることも実際にはある。そういう現実があることを考えると，できれば日中，保護者が家にいるのであれば親子で過ごしてほしいと思うであろう。日常の保育のなかでしんどさや多忙さが増しているように感じている保育者が多いことは，あなた自身も保育・子育ての現場で実習を体験してみて感じたことではないだろうか。

　この保育所での会話には，家庭と子どもと保育現場の複雑な事情が表れている。それぞれの立場で考えると，①保育所の側には，どこまで家庭の子育て支援をしていくことが求められ具体化できるかが問われている。②家庭の側では，保護者も子育てを続けていくためには，親としてリフレッシュして，あらたな気持ちで子どもと向き合うことが必要になっている。また③子ども自身の要求からいえば，友だちと一緒に遊べる保育所の方がいいということもあるし，保護者とべったりといて，甘えたいということもあるかもしれない。家で注意ばかりされるより，保育所の方が自由に遊べると感じている子どもも少なくないであろう。さらに④行政の立場からみると，「子ども家庭支援」は年度予算の枠内でどこまで効果的に運用できるのかの制約がある。できるだけ効率的な財政的運用を考えたいということもあろう。

　こうした関係のなかで，それぞれの要求や具体化のための条件を付き合わせながら何を大切に子ども家庭支援を進めることができるのかを考えてみよう。

2．リフレッシュ休暇のとらえ方を考える

　リフレッシュ休暇とは，企業などが従業員に心身ともにリフレッシュしてもらうという意味で，年齢や勤続年数に応じて特別に与える長期休暇のことをいう。リフレッシュとは，元気を回復する，気分転換する，ゆっくり休むなどの意味をもっている。保育所・子育て支援施設の機能には，①子どもの成長・発達保障，②労働と生活の両立の支援機能，③住民の社会参加の権利保障，さらに今日の仕事と子育て事情を考えると，④保護者がリフレッシュする権利の保障という役割をもっているといえよう。

　現在，「過労死」「長時間労働」「ブラック労働」の解消とともに仕事と家庭の両立をめざす「ワーク・ライフ・バランス」の実現が社会的課題になっている日本において，リフレッシュ休暇が果たす役割は決して少なくない。精神疾

患の多発状況を考えると，休暇制度を導入することで従業員のメンタルヘルス対策にもなり，休職・離職を減らすことになる可能性が少なくない。こうした現実を踏まえて，個別的な保護者の考え方や子育ての姿勢の問題とだけみるのではなく，社会的に「健康で文化的な生活」保障の視点から現実を分析することが重要になっている。

　厚生労働省「平成29年労働安全衛生調査（実態調査）の概況」（2018年）によれば，仕事や職業生活に関する強いストレス状況について，現在の仕事や職業生活に関することで，強いストレスを感じている労働者の割合は58.3％となっている。強いストレスを感じている内容（主なもの3つ以内，複数回答）をみると，「仕事の質・量」が62.6％と最も多く，次いで「仕事の失敗，責任の発生等」が34.8％，「対人関係（セクハラ・パワハラを含む）」が30.6％となっている。こうした統計からも，職業生活がいかにストレスフルな状況にあるのかがわかる。こうした現実を踏まえて，子ども家庭支援のあり方を考えてみる必要があろう。

　厚生労働省「平成30年就労条件総合調査結果の概況」（2018年）では，特別休暇制度がある企業は60.3％，制度がない企業が39.7％となっている。特別休暇とは，法定休暇（年次有給休暇，産前・産後休業，育児休業，介護休業，子どもの看護のための休暇等）以外に獲得できる休暇で，就業規則等で制度として認められている休暇のことをいう。就業規則とは「事業場ごとに作成される，雇用主と従業員の間の雇用に関するルールを定めたもの」で常時10人以上の従業員を使用する使用者は，労働基準法第89条の規定により，就業規則を作成し，所轄の労働基準監督署長に届け出なければならないことになっている。就職の際には職場の「就業規則」に目を通しておくことを大切である。

　特別休暇制度の種類（複数回答）の内容では，夏季休暇44.5％で，この休暇でさえ制度的な保証は半数に満たない現実である。病気休暇25.5％，リフレッシュ休暇12.4％，ボランティア休暇4.3％，教育訓練休暇4.2％，これら以外の1週間以上の長期の休暇14.8％となっている。

　リフレッシュ休暇を取得している労働者は，調査対象の8人に1人という割合である。こうした市民権をようやく得つつある休暇の権利を後押しすることを子ども家庭支援の課題としてとらえたいものである。

84　第8章　子育て支援サービスの機能とその落とし穴

3．子育て支援策の落とし穴を考える

　子育て環境としての家族の養育力・生活力の土台となっているのは稼働所得を中心とした経済力である。あわせて児童手当，児童扶養手当だけでなく，各自治体の子育て家庭に必要な社会手当の利用などもある。

　厚生労働省の「平成29年賃金構造基本統計調査」（2018年）によれば，男女合計の平均賃金（月額）は正規労働者で321.6千円，非正規労働者で210.8千円，雇用形態間賃金格差（正社員・正職員＝100）は，男女計で非正規では65.5と3分の2程度となっている。女性だけをみれば，正規263.6千円，非正規189.7千円で，とうてい健康で文化的な自立した生活ができる賃金ではない。この性別，雇用形態別の平均格差に加えて，企業規模別，産業別，学歴別，都道府県別の格差がさらに格差を広げることになっている。このように，賃金（稼働所得）という生活の「土台」のところで貧困化が進行しているのである。

　地域における子育て支援策の具体化と施策を強化すればするほど，家庭における性別役割分業としての家事・育児を，女性の役割として意識させる機能をもっていることに留意しておく必要がある。

　子育て支援策の重要な柱は，女性だけでなく，男性の安定的な就労保障が不可欠であるが，その点に関する施策は骨格に位置づけられていない。あえて「男性の」としたのは，第一に，前出の厚生労働省「平成29年賃金構造基本統計調査」では現在の日本における男女間賃金格差（非正規・パートタイム労働者を除く常勤労働者）は男性100に対して，女性73.3となっている現実にこだわったからである。常勤労働者では男性の約4分の3の賃金を確保できているのだが，それに加えて女性の非正規（パート・アルバイト，労働者派遣事業所の派遣社員，契約社員・嘱託など）雇用率は55.3％となっている現実を踏まえれば，男女格差はさらに広がっていくことになる。

　また，子どものいる世帯における末子の母の仕事の状況をみると，「仕事あり」の割合は72.2％だが，正規雇用は26.3％，非正規雇用36.9％，その他9.0％，仕事なし27.8％という状況にあり，子育て家庭を時系列にみると，共働き世帯から，主には母親が「仕事なし」となり，ひとり働き世帯になることが少なくない。育児に専念できるという面があるが，それは同時に経済的な困難を

抱えやすくなることもみておく必要がある。

　第二に男性の長時間労働の改善がされない社会的背景に，家庭における家事育児の圧倒的な女性負担を前提にしていることがある。国際社会調査プログラム ISSP（International Social Survey Programme）が実施した「家族と性役割に関する意識調査」（2012年実施。世界33か国の18歳未満の子どもがいる家庭についての調査）によると，日本は子育て世帯における男性の家事分担率の低さにおいて主要な国々のなかでは最下位という現実にある。

　配偶者＋18歳未満の子どもがいる男女（ここでは男女という関係を前提にしている）が家事・育児にかける週平均時間は，日本の場合，男性が12.0時間，女性は53.7時間となっている。男女の家事に従事するトータルの時間は65.7時間であるから，男性の家事分担率は18.3％で5分の1未満という実態にある。スウェーデン男性の家事分担率は42.7％，デンマーク40.1％，フランス38.6％，アメリカ37.1％，イギリス34.8％，韓国25.8％で，日本は家庭における平等度は世界最低の状況にある。

　第1章でも述べたが，2016（平成28）年における6歳未満の子どもをもつ夫の家事・育児に費やす時間（1日当たり）は1時間23分（育児時間49分，家事時間34分）であり，女性は7時間34分という現実がある（総務省「社会生活基本調査」）。ほかの先進国と比較して不平等は際立っている（p.14，図1-4参照）。

　妻の家事・育児時間と夫の時間との比較では，日本は5.47倍だが，イギリス2.22倍，フランス2.33倍，ドイツ2.06倍と2倍を少し上回る程度であり，アメリカ1.79倍，北欧のスウェーデン1.64倍，ノルウェー1.70倍では2倍以内となっている。日本の家庭におけるジェンダーアンバランスは顕著である。当たり前のような"家庭の文化"は国際的にみれば，男女格差の大きい国の代表格である。

　第三として，政府の統計などでは働く女性の約6割が最初の子どもの出産後に退職する傾向であったが，内閣府男女共同参画局「第1子出産前後の女性の継続就業率及び出産・育児と女性の就業状況について」（2018年）では就業継続が53.1％で，出産退職は46.9％と改善されてきている。だが，出産退職率は依然として高い状況にある。

子育て支援サービスのもうひとつの落とし穴は，総花的な施策（いろいろな施策を用意することでみんなに利益があるような施策体系）に伴う問題である。その問題点は，優先すべき課題，重点課題が必ずしも鮮明になっていないことである。広く薄く政策が立てられているが，権利保障が本当に必要な状態にある層への対応がなされているかどうかが問われるべきである。具体的な例をあげれば，保育・幼児教育の無償化は必要な課題であるが，保育所待機児童問題を克服することが優先されるべき課題ではなかろうか。

4．ジェンダー平等の視点から考える子ども家庭支援 ▪

（1）家族はいろいろを基本に

家族は実にさまざまな種類と形態がある。ひとつの家族であっても，そのプロセスはさまざまな局面を体験することになるし，その局面に対して家族メンバーの受け止めと関わり方は，家族内の位置と役割によって変わってくる。その意味で家族はきわめて流動的で，さまざまな顔をもっている。その多様性を踏まえて，どのような支援が具体化できるかが問われている。

家族のメンバーはそれぞれがニーズや役割をもっており，お互いに助け合ったり，いがみ合ったりすることが時としてある。むしろ家族間の関係は流動的で，安定しているときもあれば，危機的な状況もある。とくに危機的な状況ではそれぞれのニーズが歪められ抑えられたり，役割の変更を迫られたりすることがある。例えば，母親がこなしてきた家族への家庭内ケアワークを子どもが一手に担うことになる場合がある。その際にニーズの再確認や役割の見直しなどを行うことが子ども家庭支援のひとつの課題となることがある。

「ジェンダー不平等は，家族メンバー間における役割や責任のあり方に反映されることが多い」[1]のが実際である。ここでいう家族における「ジェンダー不平等」は，例えば，DVが夫からある場合に，家事・育児はすべて女性の役割として押し付けられることがある。協同・共生関係が崩れているので，子どもも含めて役割と責任は流動的で，圧縮され押しつけ合いになることがある。

家族はそれぞれが役割と責任を分担し協力することを通して，ジェンダー平等を実現できる関係にある。とくにパートナー間と親子間でのよいコミュニケーション関係の形成によって，よりよい関係を築くことができる。

家族は，複数のメンバーの生み出す関係性と新たな困難や障害に対する再編成を繰り返しながら関係を形成していく存在である。その際，家族のとらえ方で重要なポイントは，①構成メンバーの組み合わせの多様性（ひとり親，障がいとともにある子どもあるいは保護者など），②メンバー間の力関係の多様性（流動的でもある），③家族の歩みの多様性，④問題・困難発生の局面の多様性，⑤問題解決への取組み方の多様性，⑥その他（※ほかにどんなことがあるかを考えてみよう）などを踏まえて，さまざまな側面から家族を理解する姿勢が援助する側には求められている。

（2）女性をターゲットにした子育て支援策の問題

　日本では，少子化の進行や女性の社会進出などの変化に対応するため，1994（平成6）年に「今後の子育て支援のための施策の基本的方向について（エンゼルプラン）」が策定されている。「エンゼルプラン」は，10年を展望した計画であるが，1999（平成11）年12月，「保育等子育て支援サービスの充実（低年齢児の受け入れ枠の拡大，延長・休日保育の推進等）」が掲げられた「新エンゼルプラン」が策定された。

　エンゼルプラン，新エンゼルプランにみられるように，わが国における子育て支援策の特徴は少子化対策であり，乳幼児・低年齢の子どもに重点化されていることである。本来であれば子育て支援の対象年齢は18歳までの子どもとすべきだが，乳幼児に重点がおかれたことによって，本来的に乳幼児のケアに関しては母親の役割として強く意識され，現在の子育て環境の下では，子どもをもつ母親支援に特化されることになっている。

　もうひとつの落とし穴は，女性役割の強調の裏返しとして男性役割が不問に付されることである。父親役割が問われたとしても母親役割の補助的ないしはお手伝い的役割以上は求められないこととなる。こうして男性の労働が家族内では優先され，女性は二次的家計の担い手として甘んじることになる。こうした現実の政策は，女性の伝統的なジェンダー役割の固定化を進めることになっている。母親支援を意識しながら，結果的に母親役割を強要することになっている側面を意識する必要がある。

5．ジェンダー平等の子育てを支援するために

（1）ジェンダー平等を基本に，柔軟な支援を

1）家族の変化の一側面

わが国においては，「男性中心稼ぎ手モデル」の限界と崩壊が現実のものとなっている。経済的な観点からいえば，すでに男性（父親）だけが家族の稼ぎ手である時代は大きく変容している。共働き（男性が主力で，女性が補助的な稼ぎ手であるパターンのパート就業が多い）が多数派となり，男性のひとり働きと専業主婦の世帯は確実に少数となっている。厚生労働省の『平成30年厚生労働白書』，総務省「労働力調査（詳細集計）」等によると，専業主婦の世帯は約33％（600万世帯）という結果となっている。また同調査によると，全世帯に占める専業主婦世帯は1980（昭和55）年前後では約65％であり，1995（平成7）年を境に割合が逆転した結果になっている。同調査の対象を20～64歳に絞ると，専業主婦世帯は約25％にまで低下する。

意識調査においても「夫は外で働き，妻は家庭を守るべきである」という考え方（性別役割分担意識）に反対する意見は（「反対」＋「どちらかといえば反対」）は，男女とも長期的に増加傾向にあり，2016（平成28）年の調査では，男女ともに反対の割合が賛成の割合（「賛成」＋「どちらかといえば賛成」）を上回っているのが実状である（内閣府男女共同参画局編『平成29年版男女共同参画白書（概要版)』）。こうした伝統的性別役割分業の意識変化の動向は今後もよりジェンダー平等の方向に改善されていくと予想されるが，個々の家族がどのような意識水準にあるのかはまさに多様である。

2）「母親ペナルティ」と「チャイルドペナルティ」

「親ペナルティ parent penalty」は，社会学・労働経済学の用語で，その意味は子どもをもつ夫婦ともたない夫婦が感じる幸福度のギャップをさす用語であり，前者の方が幸福度は低い傾向にある。その傾向がみられるのは，国家予算レベルで子育て支援の制度が貧弱である国ほどより顕著になっている。

「親ペナルティ」の内実は，「母親ペナルティ motherhood penalty」である。「母親ペナルティ」は，出産に伴うキャリアの中断とステップダウン（職場内移動，離職や転職，長期未就労など），再就職後の非正規雇用という就労条件

5. ジェンダー平等の子育てを支援するために　　*89*

の不安定化，賃金や昇進などにおける不平等な取扱いなどにより，子どもをもつか／もたないかによって賃金格差＝経済的貧困に陥ることになる。そして子どもを生み育てることによって連動して生じる社会的不利を「チャイルドペナルティ」ということができる。

OECD（経済協力開発機構）のワーキングペーパー「Child poverty in the OECD」（2018年）では，ひとり親家庭の貧困解消のための社会政策として，2つの対策を掲げている。ひとつは失業率の改善＝就業率の向上に焦点を当てた政策である。もうひとつは，「子育てによる社会的不利（チャイルド・ペナルティ）を除去する」政策である。

ここでいう子育てによる社会的不利には，就労の中断，職業と家庭生活の両立の困難，家庭内の家事・育児の女性への過重な負担（家庭内不利），核家族における子育ての孤立化，社会参加の制限などがあげられる。この社会的不利を母親にだけ負わせるのではなく，パートナーとの協力のなかで"解決に向かう"関係の形成が重要な点である。男性が女性とまったく平等ではない状況もあろう。その点を責めるだけでなく，一緒に課題に取り組もうという意思の具体化とこれまで関わることの少なかった家事・育児に少しずつでも具体的に取り組むことが大切である。心を込めて「お疲れさま」「ご苦労さまでした」と言えることも共同生活者としての大切なコミュニケーションである。

男性と女性の家庭内の位置関係と役割分担を少しでも改善の方向に進めていくかどうかが問われているのである。

（2）自らの職場と家庭のジェンダー平等を意識して

ジェンダー平等をもうひとつの観点から考えてみよう。

それは自らの働く職場での平等がどのように保障されているか，侵害されているかの実態に対してセンシティブ（敏感で意識的に考えること）であることが，ジェンダー平等を踏まえた子ども家庭支援を進めるうえで感覚的な土壌となるといえよう。

例えば，保育所のなかで園長・管理職の男性割合はかなり高い実態がある。では，実際の保育士のうち男性保育士の割合はどうであろうか。2017（平成29）年度の厚生労働省「賃金構造基本統計調査」によると，男性保育士の人数

は1万6,480人で，女性の保育士数は23万6,710人であり，男性保育士の割合は約6.5％，15.4人に1人という現状となっている。2013（平成25）年度では約4％の割合であるから改善はされてきているが，依然として圧倒的なジェンダーアンバランスの状況にある。こうした現実をあなたはどう考えるであろうか。

「自らの職場と家庭のジェンダー平等を意識」する第一歩は，「問題」があることを問題として考え，取り上げることである。多くの男性は，職場でジェンダーが問題になっていることを意識していないことが多い。それに対して女性の方が実際にはジェンダー不平等を感じる場面や出来事が多い。

職場におけるジェンダー平等をチェックする視点を表8-1に示す。

もうひとつ，家庭でのジェンダー平等を考える視点を表8-2に示した。

表8-1　職場におけるジェンダー平等をチェックする視点

① 女性には，コピーなどの作業やコーヒーなどを頼むのは当然という職場の文化がないだろうか。
② 女性と比べて男性の方がなんとなく尊重されている空気を感じていないか。
③ 女性が1回の会議で，発言を何度かすると，しゃべりすぎという評価をされ，"女のくせに"という視線を受けていないだろうか。
④ 管理職や重要な部署の責任者に基本的に女性は配置されない現実はないだろうか。
⑤ 女性がわが子を保育所などに迎えに行くために時間通りに職場を離れることに「女性だから仕方がないね」などと言われることはないだろうか。
⑥ お泊り保育・キャンプなどの行事で，食事作りは女性が担当し，子どものあそびや引率などは男性保育士が担当するのが当たり前になってないか。
⑦ 女性に対しては容姿や年齢，あるいは女性同士の比較などをよく話題にされるが，男性についてはまったくないということはないか。

表8-2　家庭でのジェンダー平等をチェックする視点

① 男性に対しては○○さんなどと呼んでいるのに，女性には呼び捨てや「○○ちゃん」などと上下関係を前提にした呼び方をしていないか。
② お互いにフルタイムで働いているのに，家事・育児を担う時間はお互いが努力をして助け合っているだろうか。
③ 重要な家族の問題を決めるときには，パートナーと率直に意見交換ができているだろうか。
④ 育児休業を取得することについて，男性は本気で検討しているだろうか。
⑤ 男性からの暴力があっても，一言謝るだけで"水に流して"女性が耐えて生活を続けていることはないだろうか。

こうした視点で職場と家庭を見つめ直して，自らの身の回りの"当たり前の文化"に対して，あれっ？　これってお互いがともに生きているってことなんだろうかと，考えてみてはどうだろうか。

自らの暮らしの文化への問題意識をもち続けることで，ジェンダー平等の子ども家庭支援を考え実践していくことにチャレンジしたいものである。

【引用・参考文献】

1）ユネスコ編，浅井春夫・艮香織・田代美江子・渡辺大輔訳『国際セクシュアリティ教育ガイダンス』明石書店，2017，p.126

・伊藤真監修『日本国憲法』角川春樹事務所，2013

・浅井春夫・艮香織・鶴田敦子編『性教育はどうして必要なんだろう？』大月書店，2018

・橋本紀子・池谷壽夫・田代美江子編『教科書にみる世界の性教育』かもがわ出版，2018

第9章 保育所による子ども家庭支援の実際と支援の方法

保育所と家庭の共同のあり方を模索する

本章では，さまざまな保育現場からとくに保育所に視点をおいて論を進めていく。

1. 保育所による子育て支援の原理と 保育所を利用している保護者への支援

（1）保育所保育指針からみる子育て支援の位置づけと保育士としての基本的姿勢

保育所における子育て支援については，2017（平成29）年3月に告示された「保育所保育指針」において「子育て支援」と題し，第4章に明確に位置づけられている。それは児童福祉法第18条の4で，「この法律で，保育士とは，第18条の18第1項の登録を受け，保育士の名称を用いて，専門的知識及び技術をもって，児童の保育及び児童の保護者に対する保育に関する指導を行うことを業とする者をいう」と定めているからである。日々の業務として子どもへの保育を行うことと保護者への子育て支援を行うことは，保育所保育士の業務の二本柱なのである。

『保育所保育指針解説』[1]の「第4章子育て支援」では，保護者に対する子育て支援の原則として，「子どもの保護者に対する保育に関する指導とは，保護者が支援を求めている子育ての問題や課題に対して，保護者の気持ちを受け止めつつ行われる，子育てに関する相談，助言，行動見本の提示その他の援助業務の総体を指す。子どもの保育に関する専門性を有する保育士が，各家庭において安定した親子関係が築かれ，保護者の養育力の向上につながることを目指して，保育の専門的知識・技術を背景としながら行うものである」と規定している。

さらに保護者と連携して子どもの育ちを支える視点として，「保護者に対す

る子育て支援に当たっては，保育士等が保護者と連携して子どもの育ちを支える視点をもって，子どもの育ちの姿とその意味を保護者に丁寧に伝え，子どもの育ちを保護者と共に喜び合うことを重視する。保護者の養育する姿勢や力の発揮を支えるためにも，保護者自身の主体性，自己決定を尊重することが基本となる」と保育士が保護者に働きかける際の留意点を示している。

　以上に示した保育所における子育て支援の原則に則り，保育士として必要な視点を常に意識することで，実際に保護者へ関わりをもつときの姿勢や，子育て支援を必要としている保護者をとらえるときの見方に具体的に生かされてくる。実際に保護者を支援するときに，保育士は「保育所保育指針」を基盤に保護者に関わる姿勢を大切にするようにし，自分自身の個人的な成育歴や経験知などから保護者へ関わることを自戒して，保育士としての自己の専門性を常に向上させる視点が欠かせない。

（2）保育所による子育て支援の基礎

　保育所による子ども家庭支援を行う実際の場面は，保育所の特性を生かした子育て支援となる。日々の場面としては送迎時でのコミュニケーションや，保護者とやり取りをする連絡ノートがあげられる（第15章参照）。こうした場面では，機嫌や体調も含めたその日の子どもの様子や，保育士がとらえた子どもの活動や生活場面でのエピソードなどを伝え，子どもが日中保育所で過ごしている様子をていねいに伝える。つまり日々の保育を伝えることこそ，保護者に向けた最良の子育て支援となる。

　このようにみると保護者への子育て支援を考えるときに，保護者が抱えている子育ての問題や課題に対して耳を傾けたり，時に助言したりすることが子育て支援だと目が行きがちだが，まずは保育所の特性を生かし，毎日の充実した保育こそが，保育所による保護者に向けた子育て支援の基礎であることを忘れてはならない。こうした日々の保育に対する保護者からの信頼が，保育所の特性を生かした子育て支援の基盤を形づくる。

　日々の保育を伝えることを重ねるなかで，保護者が日々の保育に信頼を寄せるようになると，保護者が思うわが子の発達上の不安や，きょうだい関係の問題，保護者の仕事上の問題，子育てと家庭・仕事との両立の問題，親戚との関

係の問題，保護者同士の問題など，少しずつ保育所にその思いを寄せる場面も
みられるようになる。そのようなときに保育所としては，日々のコミュニケー
ションを通して，場合によっては面談などを設定して保護者の思いに十分に耳
を傾け，保護者自身が納得をしながら自分の力で解決する方向に向かっていけ
るようアシストするようにする。保護者のもてる力を信じ，保護者が自ら解決
できるよう保育所が一緒になって考える立場を取ることで，保護者をエンパワ
ーするよう働きかけることが，保育所として行う子育て支援の神髄である。

（3）保育所と地域の関係機関との連携

　しかし場合によっては，保育所だけで解決できないような問題を保護者が有
していることを保育所が把握することがある。保育所は日々子どもが通い過ご
す場所であり，また日々家庭とやり取りすることができる場所である。そのた
め子どもと家庭双方の小さな変化を一番とらえやすいきわめて重要な位置に保
育所はある。つまり子どもの発達や，保護者の経済的課題，保護者の疾患，離
別や死別などに派生する問題，虐待やDVなどの家庭内暴力，ネグレクトなど
家庭に起こり得る問題で，保育所だけでは解決できないことを把握しやすい。
しかし，こうした問題を家庭が有していたとしても，保護者がすぐに保育所に
伝え問題解決にあたろうとするとは限らない。また抱えている問題を，解決し
なければならない問題だと保護者が認識するのに時間がかかることもある。

　そのようなときには，保護者との対話の時間をつくり保護者が問題を認識し
たり，問題を整理したりできるよう，保育所として支援する。そして必要に応
じて地域にある相談できる機関を紹介し，つなげるようにする。その際，子ど
もの発達に関する問題は，市区町村単位で設置されている子育て世代包括支援
センター[1]にまず相談できるよう働きかける。また子育てや保護者の生活に
関する問題は，こちらも市区町村単位で設置されている子ども家庭総合支援拠
点に相談できるように紹介する。それ以外にも市区町村にはさまざまな相談支
援機関が設置されているが，保護者の立場からするとどの機関に行けばどのよ
うな支援が受けられるのか，網羅的に把握することは困難である。そのためこ

---

[1]　2017（平成29）年度より全国の市町村に設置が開始された。母子保健法で規定され，
　　法律上の正式名称は母子健康包括支援センターである。なお，設置は努力義務である。

れら2つのいわば「地域の相談支援拠点」を紹介しつなげることにより、そこで受けられる支援によって問題が解決する場合もあれば、そこで必要な支援がない場合は、その拠点から次にその家庭が求める支援機関につないでいく。

　要するに「子育て世代包括支援センター」と「子ども家庭総合支援拠点」とは地域での子どもの発達と子育てに関して相談に乗る「中核」となり、「中継」としての役割を果たす。保護者が子育てに生起する問題を主体的に解決できるよう、この2つの支援拠点と保護者、保育所とが共同する支援の実際が求められる。

（4）ネグレクトや虐待の危惧を察知したとき

　子育て世代包括支援センターや子ども家庭総合支援拠点を紹介しても、こうした相談支援機関に速やかにつながらない場合もある。（3）で述べたように、保護者と対話を通して保護者が問題を認識したり、問題を整理したりできるよう働きかけが難しいときに、保護者自身が問題を直視できない場合も起こり得る。そのなかで保育所が、「十分に子育てができず子どもの発達や生活に影響を及ぼしている状況」を認識した際は、速やかに市区町村要保護児童対策地域協議会調整機関に通告するようにする。調整機関とは、要保護児童対策地域協議会の運営の中核となって関係機関の役割分担や連携に関する調整を行う機関のことであり、主に市区町村の子ども家庭福祉や母子保健の所管課がその任を負っている。

　ここで先述した「十分に子育てができず子どもの発達や生活に影響を及ぼしている状況」とはどのようなときか、2018（平成30）年3月に加藤らによって開発された「在宅支援共通アセスメント・プランニングシート2018年度版」（表9-1、紙幅の都合により一部のみ抜粋）[2]を紹介しながら説明したい。

　この在宅支援共通アセスメント・プランニングシート2018年度版（以下、本シート）とは、要保護児童対策地域協議会の個別ケース検討会議などで多職種多機関が集う際に、お互いが出した情報を集約し共有して、支援方針を決定していく際に活用するツールとして開発されたものである。本シートは主に要保護児童対策地域協議会調整機関や児童相談所が使用することを目的に開発されているが、それら機関だけにとどまらず、要保護児童対策地域協議会に集う

表9-1 在宅支援共通アセスメント・プランニングシート（一部分）

虐待の程度：該当レベルに○。あてはまる項目を○で囲んでください。0～2歳児の場合は1段レベルを上げてください。

虐待の程度	身体的虐待の例	心理的虐待		性的虐待
最重度	頭部外傷 乳児を投げる 諸みつけ 窒息の危険 その他生命危害行為	病気なのに受診させない 明らかな養護の拒否 脱水	自殺の強要 親子心中を考える 子どもの自殺企図	妊娠 性交渉 ポルノ 被写体
重度	骨折 打撲 やけど 腹をける 顔面のひどい損傷 被害児外傷	乳幼児車内放置 長期外出禁止主にプライバシー停止 食事が満足にできない	自殺の強要 親子心中を考える 子どもの自殺企図	性器をみせる 薄衣の上から触る 性器写や性交渉を見せる
中度	半年以内に2回以上のあざや傷 新旧の傷あと	生活環境など改善なし 放置 登校禁止	目前DV 子の自傷行為あり 脅し 保護者自傷 きょうだい間差別	薄着を強いたり浴室に入る 子の不相応な性的言動あり
軽度	偶が持々な程度の暴力 単発の小さくあざやなぐ方	健康への意識の低さ程度のネグレクト	子への威嚇 非難 無視がときどき きょうだい間差別が一時的にある	子ども更衣室 性的指示の置物を置いておく
危惧	今後は心配ないが、発生する可能性が高い	予防接種や健診を受けない		疑い

I 子ども・家族・養育の様子　気に留めておく確認項目と内容　＊は優先的に把握したいもの

以下、該当項目と思われるもののすべてを○で囲んでください。項目になければ空欄に記入してください。［養育者］は、家族の中で誰か該当すれば、記入。

		気になる	不明はや疑い	いいえ	子ども・家族・養育の様子と内容
子ども	1 心身の発達＊				低身長・体重増加不良（身体・知的・発達）・疾患
	2 精神の状態＊				表情が乏しい・睡眠リズム・抜毛・自傷・自殺企図
	3 日常的世話の欠如				ひどいオムツかぶれ・身体衣類の汚れ・不潔・虫歯・季節に合わない衣服・物が揃わない・健診未受診・予防接種未受診
	4 行動・情緒的問題				感情の起伏が大きい・癇癪・多動・注意欠き行動・攻撃的・遺尿・過食異食・性的行動・万引き・火遊び・夜間俳徊・家出・不登校
	5 子の意欲・気持ち＊				家に帰りたがらない・親の前で（薬剤・無表情・口に応じる）
	6 心身の状態				精神症状・未熟・通院や服薬ができにくい・疾患・手術（身体、精神）
養育者	7 性格的問題				衝動的・未熟・攻撃的・偏り・共感性欠如・人との関わり嫌い・放置的・その場逃れ・嘘が多い
	8 依存症等＊				アルコール・薬物・視線がうつろ・ギャンブル・買い物・盗癖 依存症（アルコール・薬物・ギャンブル・買い物・盗癖）
	9 家事・育児能力＊				送迎ができない・健診回数少ない・育児能力低下・妊娠中
養護状況	10 虐待の妊娠・出産前後				予期せぬ妊娠・健診回数少ない・若年・母子手帳発行遅延・くりかえす妊娠
	11 虐待の継続性＊				単発・1～2か月に1回・繰り返し
	12 子への感情・態度				子ども嫌い・出産後の後悔・可愛がっていない・疎ましい・無関心・子どもなす・望まない妊娠・養子手法・過干渉・育子
	13 養育能力の自覚なし＊				問題意識なし・体罰容認・躾主張・虐待の否定・隠蔽
	14 養育意欲なし				改善意欲なし・子にかかわらない・ケアの怠慢・長時間内夜間放置・食事や医療を与えない
	15 養育知識なし＊				知識不足・技術不足・期待過剰・価値観の違い
家庭	16 家族関係				不和・別居・離婚・内縁・ステップファミリー・家族構成の変化・介護
	17 DV				加害者（父・母）・DVの種類（身体的・性的・精神的）性の・経済的・社会的隔離
	18 経済問題				借金・生活苦・失業・転職・不安定就労・計画性欠如・生活保止
	19 生活環境				劣悪な居住環境・住宅狭い・安全への配慮なし・不衛生・居所不定
	20 子を守れなさ＊				同室している大人がいない・子どもを守れない・虐待者以外に大人がいない
ポ	21 社会的孤立				孤立的・親族関係（対立・過干渉・応援なし）・転居
	22 関係機関に協力的度なし＊				拒否・接触拒絶・抵抗・不信感
	23 援助効果なし				改善期待できない・望まない・聞きながす

II 要因の整理	つよみ（ストレングス）	IV 支援方針		役割分担
課題・問題点・要因		短期目標　具体的支援策		担当機関（者）
リスクから予測されるもの・子どもの安全に役立つこと・虐待が起こるという要因など	（安全）うまくやれているところ、解決に役立つこと、（望み、動機付け）能力・長所をどすべて	（支援内容）・子どもの安全のための手立て、・家族ができるようになること、この欄は、動機付け・能力にかかわらず、緊線に記入できます。この高い支援策から記入できます。		

関係機関が，当該家族がどのような課題や問題をもっているのか把握し整理する際に，より効果的に行えるツールとして活用することも期待されている。本シートの具体的な使用方法は，加藤らが示した解説書に譲るが，「Ⅰ子ども・家庭・養育の様子 ＊は優先的に把握したいもの」の欄を参照してほしい。この欄をみると，「子ども」「養育者」「養育状況・態度」「家庭」「サポート」に家庭のおかれている状況を大項目化し，それぞれの項目にはさらに3つから6つの小項目に分けられている。例えば，一番重要な項目となる「子ども」の小項目をみると，「1.心身の発達」では，「低身長・体重増加不良・障害や遅れ（身体・知的・発達）・疾患」とある。ここは子どもの発達的な状態や身体状態を把握する項目であるが，「発育不全（身長・体重）障害（身体・発達・知的）。手帳の有無，慢性の持病（アトピー・喘息）。発達的遅れ。極小未熟児など。虐待の結果からくる胃痛，頭痛など」と解説書に説明されている。

　このように一つひとつの項目をみていくことで，「十分に子育てができず子どもの発達や生活に影響を及ぼしている状況」とはどのようなときか，保育所側で把握できるようになっている。こうした状況があれば，保育所での子どもの保育や保護者との日常的な対話だけでは十分に子育てができない状態を緩和させることが困難であるから，速やかな要保護児童対策地域協議会への通告が求められる。本シートの小項目のなかでいくつ当てはまったため通告しなければならないという視点ではなく，十分に子育てできない背景にはいくつかの事情や要因が重なり合っているものであるから，それらが解決できるよう，多機関と保育所がチームを組んで家庭への支援にあたろうという視点が重要となる。

　「十分に子育てができずに子どもの発達や生活に影響を及ぼしている状況」とは具体的にはどのようなときか，本シートを活用しながら保育所の全職員が認識しておき，こうした状況を把握したときには早期に要保護児童対策地域協議会へ通告して，保育所を含む多機関からなるチームで家庭を支援する体制が取れるようにしておくことが保育所には望まれる。

（5）要保護児童対策地域協議会へ通告した後の早期ケアの場とし ての保育所

　これまでの保育所としての役割は，十分に子育てができずにいる状況を認識すれば，速やかに通告することが求められてきた。しかし2005（平成17）年の児童福祉法改正を経て，全国の市区町村に要保護児童対策地域協議会が設置された今，地域の保育所での役割は，むしろ通告した後の保育の充実こそがめざされるものである。保育によって子どもの心身の発達が促され，世代間の再生産を断つことができれば，保育所の役割が早期発見から早期ケアの場へと大きく発展する[3]。

　子育てが不十分な場合，子どもの基本的な生活上のニーズ，つまり養護が家庭のなかでまず不足する。養護は，食事・睡眠・排泄・着脱・清潔の5項目からなるが，養護が十分にいきわたらない不適切な生活環境におかれると，子どもの健康や安全がたちまち脅かされる。快適な生活，一人の人間として尊重され愛されることが保障されない毎日は，子どもの生存権そのものへの侵害である。これらは家庭生活と密接に関わり合っていることから，家庭で養護が不足すれば保育所ではすぐに察知することができるし，それを放置してはならない。つまり家庭での養護が難しいときには，保育所で可能な限りそれを補完する役割を担うことが求められる。

　例えば，保護者が精神疾患を抱え，そのときの体調不良で子どもを入浴させることが難しい時期があったとするならば，保育所でシャワーをして清潔を保持する，衣服の洗濯が難しい時期があれば，子どもが保育所で着る衣服は保育所側で洗濯し準備するなど，臨機応変な養護上の補完的な働きかけを検討する。併せて養護の場面では，子どもに向けて言葉がけやスキンシップを通じ時間をかけて働きかけを行うようにする。生活のひとこまひとこまに対し保育士がていねいに寄り添うことは，子どもの身体的な発達保障のみならず，子どものなかに情緒的な安定感を形成させる。こうした養護上の補完的な支援については，必要なその時期に，必要な支援を行うものであって，いつまでも改善される見込みがなければ，再度，要保護児童対策地域協議会に通告し，次なる支援方針が検討されなければならない。

　こうした養護上の働きかけ，換言すれば生活をする力を育む保育が常に基盤

にあり，それらをばねに子どもは保育所での仲間や大人との活動や遊びを通して心身ともに健康的に生きる力，心身ともに健康な毎日の生活を送る力を育んでいく。第一に遊びへ没頭できる環境が保育所にはあり，十分に遊び切ることができる。そのなかで仲間や大人との関わり合いを通じて，子どものもてる力が発揮され，それが仲間に認められるまでに発展するきっかけがある。そのことが子どもの自信を生みだし，発達への大きな原動力につながる。

　具体的に子育てが不十分な家庭で育つ子どもにとって，自信につながる取組みのひとつとして，そうした状態におかれている子どもの好きな遊びをクラス集団レベルにまで広げる保育実践を提案したい。遊びをその子だけの好きな遊びにとどめず，クラスの仲間や大人との関わり合いのなかで発展させ，可能であれば行事にまで発展させることができるのは保育所ならではの強み，優れた特徴といえる。こうした養護上の安定と遊びが子どもの発達の源泉であり，これは保育の基本的特性であることはいうまでもない。ここに早期ケアの場としての保育所の役割を見出すことができ，保育所の存在そのものが子どもの早期ケア，発達保障の中核であることを忘れてはならない。

２．地域の実態に即した保育所の地域子育て支援

（１）地域のニーズをとらえた地域子育て支援の展開

　2015（平成27）年から子ども・子育て支援制度が始まったことを受けて，地域には子育て支援を行う施設や機関が多くみられるようになり，またそこでの支援も多様化するようになった。そのなかで保育所に求められている地域に向けた子育て支援とは何か，そのあり方を問う必要がある。まずは地域に目を向け，核家族が多く孤立しやすい子育て家庭が生まれやすい地域，三世代同居が多い地域，共働き世帯が多い地域，過疎化が進む地域など，地域の子育て家庭を取り巻く環境をとらえる必要がある。そうした地域の実態に即し，今，保育所で求められている地域の子育て家庭へのニーズは何かに応える視点をもちたい。

　例えば，過疎化が進む地域では，子どもの数の減少もそうだが住民人口そのものが減少していく。そうしたなかで，乳幼児の支援だけに目を向けていては，地域の子育て家庭の思いに十分応えきれない。小学校以降の子どもたちの

放課後の居場所づくりや，子どもだけでなく誰でも集えるような子ども・地域食堂，地域の祭りと協同しての行事づくりなど，地域をあげて子どもが健やかに育つ拠点としての保育所をめざすことが求められる。

　同様に都市部であっても，近隣住民のつながりが乏しい地域においては，過疎化が進む地域と同様の問題をもつ。すなわち乳幼児の支援だけを考えていては，家族の孤立には十分に応えられない。したがって保育所には，地域全体を見渡して，子育て家庭はどのような面で困っているのかを考え，その困り感を保育所で補うようにしていくことが必要である。例えば，子どもの発達の道筋や育児の方法を理解してもらいやすいようアドバイスしながら個別に子育てをサポートしつつ，子どもの発達や育児について親同士が学べる場をつくったり，親と親とがつながれるようグループ交流の場を積極的につくったりして，コミュニティ（地域共同体）を創造する場としての保育所の役割を位置づけることができる。このように保育所は親同士が信頼を基盤としてつながり合うことを可能にする子育てしやすい地域共同体づくりに貢献できる拠点であってほしい。

【引用・参考文献】
1 ）厚生労働省編『保育所保育指針解説』フレーベル館，2018
2 ）加藤曜子「在宅支援共通アセスメント・プランニングシート利用解説書　子どもが家族とともに地域で暮らし続けるための共通アセスメント～支援が共有・協働できる枠組み」平成29年度子ども・子育て支援推進調査研究事業（厚生労働省）児童相談所と市町村の共通アセスメントツール作成に関する調査研究，2018
3 ）小林美智子・松本伊智朗編著『子ども虐待介入と支援のはざまで「ケアする社会」の構築に向けて』明石書店，2007

第III部

家庭の危機と対応方法を考える

第10章 子ども虐待・DVの現実と子ども家庭支援

子どもと家庭の危機への対応方法を考える

2019（令和元）年6月，「児童虐待防止対策の強化を図るための児童福祉法等の一部を改正する法律案」が成立した。

改正法は虐待によって子どもが亡くなる事件が相次いだことを受けてのものである。改正法は，①児童の権利擁護，②児童相談所の体制強化および関係機関間の連携強化等，③検討規定その他所要の規定の整備，の3本柱で構成されている。とくに，本改正で親権者はしつけに際して体罰を加えてはならないこととされた点は，今までの子ども虐待対策から前進したといえよう。

しかし後述するように，「しつけ」も「体罰」も定義があいまいなままである。家庭的虐待への具体的な対応策が求められている。

本章では，子ども虐待とはどのようなことなのか，虐待されることによって子どもにはどのような悪影響が出てくるのか，子ども虐待における支援の制度はどうなっているのか，そして，今後の子ども虐待対策に求められることは何か，保育者や子ども家庭福祉従事者に求められることは，どのようなことかについて，DV問題とあわせてみていきたい。

1．子ども虐待

（1）増え続ける子ども虐待対応件数

国が公式に子ども虐待対応件数の統計を始めたのは，1990（平成2）年からである。当時1,000件余りだったものが，2018（平成30）年度に児童相談所が対応した子ども虐待対応件数は，約16万件となっている（図10-1）。

図のとおり，その件数はずっと増え続けているが，子ども虐待は，家庭という密室で行われていることから，子ども虐待自体が統計のとおりに増えているのかどうかは実は不明である。今まで，明らかにならなかった子どもへの不適

1. 子ども虐待　103

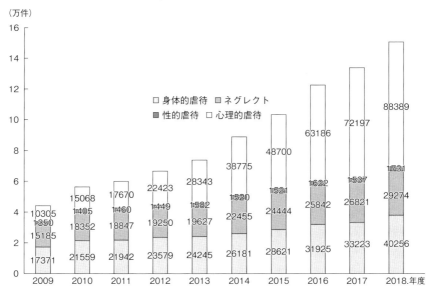

図10-1　児童相談所における児童虐待相談の対応件数（虐待種別）の推移
(厚生労働省「福祉行政報告例」から筆者作成)

切な養育が，社会の関心などから明らかになってきていると読むべきであろう。

　また，厚生労働省の「子ども虐待による死亡事例等の検証結果等について（第14次報告）」（2018年）で，次のとおり概要を公表している。

2016（平成28）年4月1日から2017（平成29）年3月31日までの子どもの虐待死事例
　ア　対象期間に発生又は表面化した
　　　心中以外の虐待死事例は49例（49人）（2015年度：48例（52人））
　　　心中による虐待死事例は18例（28人）（2015年度：24例（32人））
　イ　心中以外の虐待死事例で死亡した子どもの年齢は，
　　　0歳が32人（65.3％）と最も多く，（2015年度：30人（57.7％））
　　　うち月齢0か月が16人（50.0％）（2015年度：13人（43.3％））

　2007（平成19）年からは，毎年度ごとに子ども虐待死亡事例等の検証を行っているが，死亡数は，毎年50人前後である。その多くは，母子健康手帳の発行も受けていないまま出産している事例が少なくない。こうしたことから，

虐待予防対策として母子保健の果たす役割が大きくなっている。

(2) 子ども虐待の定義

「児童虐待の防止等に関する法律」(児童虐待防止法)では,子どもの虐待について,子どもを現に監護する者が行う行為として規定しており,一般的には,身体的虐待,性的虐待,ネグレクト,心理的虐待の4つに分類されている。厚生労働省は,以下のとおり具体例をあげている。

① **身体的虐待**:殴る,蹴る,投げ落とす,激しく揺さぶる,やけどを負わせる,溺れさせる,首を絞める,縄などにより一室に拘束する,など
② **性的虐待**:子どもへの性的行為,性的行為を見せる,性器を触るまたは触らせる,ポルノグラフィの被写体にする,など
③ **ネグレクト**:家に閉じ込める,食事を与えない,ひどく不潔にする,自動車の中に放置する,重い病気になっても病院に連れて行かない,など
④ **心理的虐待**:言葉による脅し,無視,きょうだい間での差別的扱い,子どもの目前で家族に対して暴力をふるう(DV),など

以上のように子ども虐待には4つの分類があるが,一人の子どもが重複し被害を受けていることも少なくない(図10-2)。

なお近年では,子ども虐待(child abuse and neglect)という用語ではなく,子どもに対する不適切な養育や関わり方として,包括的にさす用語として「マルトリートメント(maltreatment)」が普及してきている。

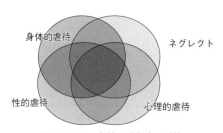

図10-2　虐待の種別の重複

(筆者作成)

（3）子ども虐待の影響

　子ども虐待は重大な権利侵害であるだけでなく，子ども虐待対応の手引きでは，次のようなさまざまな深刻な影響があると指摘している。

1）身体的影響

　打撲・切創・熱傷など外から見てわかる傷，骨折・鼓膜穿孔・頭蓋内出血などの外から見えない傷，栄養障害や体重増加不良，低身長などがあげられる。愛情不足により成長ホルモンが抑えられた結果，成長不全を呈する。身体的虐待が重篤な場合には，死に至ったり重い障がいが残る可能性がある。

2）知的発達面への影響

　落ち着いて学習に向かうことができなかったり，またネグレクトの状態で養育されることで，学校への登校もままならなくなる。もともとの能力に比しても知的な発達が十分に得られない。子どもの知的発達にとって必要なやり取りを受けていない，年齢や発達レベルにそぐわない過大な要求により発達が阻害される。

3）心理的影響

　心理的影響として，次の7項目があげられている。①対人関係の障害，②低い自己評価，③行動コントロールの問題　④多動，⑤心的外傷後ストレス障害（PTSD），⑥偽成熟成，⑦精神症状である。

（4）どこからが「虐待」か

　「しつけ」と「虐待」の境界はどこか，とよく聞かれる。

　しつけとは，社会生活への適応に必要な望ましい生活習慣を習得させるために行う子どもへの働きかけである。一方，虐待は，子どもにとって有害な扱われ方である。しつけが養育者の視点であり，目的をさしているのに対して，虐待は子どもにとっての視点であり，どのような扱われかたをされたかに視点をもつ。したがって，違う物差しを使っているので，どこまでがしつけで，どこから虐待という質問の設定自体が成り立たないはずである。

　虐待が起こる社会的要因として，こうした認識の弱さとともに，社会に暴力を容認する風潮があることを指摘しておく必要がある。

　学校現場や特に運動部の部活動現場における暴力を用いた指導が蔓延してお

り，職場にいてもパワーハラスメントである暴言がまかりとおっているなど，子どもを養育する保護者たちは，こうした社会のなかで育ち，生活し，その社会に適応してきた人々である。

2018（平成30）年に相次いだ虐待死を受けて，児童福祉法等の改正法が2019（令和元）年成立した。改正のポイントのひとつとして，「体罰禁止規定」があげられている。法案成立に先立ち，すでに東京都においては，2019（平成31）年4月に「東京都子供への虐待の防止等に関する条例」が施行され，①子どもを権利の主体として尊重，②保護者による体罰の禁止，③都民と保護者等の責務，④虐待が疑われる場合の速やかな通告，⑤警察や子ども家庭支援センターとの連携，の5点が主な内容となっている。

これらをとおしても世論の中には未だにしつけにおいてある程度の体罰は必要，さらに，体罰を禁止されたら，自分勝手な子どもが増える，親がしつけできなくなるなどの意見も少なくない。

この児童福祉法等の改正では，民法に規定されている懲戒権の見直しがされることとなった（第1章参照）。

（5）被虐待児童への対応

虐待をされていると思われる子どもを発見した者は，市町村，福祉事務所，児童相談所に通告する義務がすべての国民に課せられ，子どもに関わる職に就くものはとくに発見に努めることが求められている。

通告を受けた市町村，福祉事務所，児童相談所は，安全確保を第一に調査を行い，必要に応じてさまざまな支援を展開していく。保護者の下におくことが不適切と判断されれば，児童相談所は一時保護を行うこととなる。一時保護は，親権者の同意を必要としないが，2か月を超えて引き続き一時保護する場合は，家庭裁判所（家裁）の許可を得なければならない。

さらに，里親や児童養護施設等で生活する必要があるときは，児童相談所は入所措置をとることになるが，入所措置は親権者の同意が必要である。同意がない場合は，家裁の審判が必要である。

児童養護施設等への入所措置が審判により認められても，その効力の期限は2年間とされている。2年の間に，家庭で適切に養育ができると児童相談所が

判断すれば，施設入所等の措置は解除される。このときに，家裁の判断は必要
としない。

　家庭引取りが適当でないと判断した場合は，児童相談所は2年間の効力が終
了する前に，家裁に「更新」の申立てを行う。更新が認められれば，措置を継
続することが可能だが，更新の期間は2年間である。つまり，親権者の意に反
して社会的養護に措置された場合は，2年ごとに判断が求められるのである。

　在宅支援の場合は，さまざまな社会福祉制度の活用や，相談機関によるカウ
ンセリング等を含めた相談援助により養育の改善を図っていくことになる。

（6）保育所や幼稚園，学校等に求められる「発見力」

　毎日子どもと接している保育所，幼稚園，学校などは最も虐待を発見しやす
い機関である。多くの自治体が，保育者向け，学校教職員向けの虐待対応マニ
ュアルや発見の手引書などを作成・配布している。

　例えば，埼玉県が発行している「教職員・保育従事者のための児童虐待対応
マニュアル」では，虐待が「家庭という『密室』で行われる行為であるため，
実際に虐待が行われている現場を見て発見されることはまれで」であり，「子
ども自身が親から受けている行為について，自ら訴え出ることは極めてまれ
で」「ふだんから子どもと接する機会の多い教職員や保育従事者が，いかにこ
のサインを見過ごさないかが，子どもを虐待から救う第一歩」になるとしてい
る。そして，「虐待を疑う視点をもつ」こと，「いつもと違う」，「何か変だ」と
感じたときに，「もしかして虐待ではないか」との視点を指摘している。チェ
ックリストでは，「子どもの様子」として45項目，「保護者の様子」として19
項目をあげている。

　いずれにしても，こうした項目は子どもにとっての危機のサインであり，保
護者にとっても養育上の危機であるとしたとらえ方が重要である。

2．DVとその対応

（1）DVの定義とその特質

　ドメスティックバイオレンス（DV）とは，直訳すれば「家庭内暴力」であ
るが，一般的には，「配偶者等からの暴力」ととらえられている。配偶者等と

は，事実婚，生活の本拠を共にする交際相手（いわゆる同棲相手），また離婚した者（事実上の離婚を含む）も含まれる。また近年，DVと似た構造の恋人同士の暴力行為をデートDVと呼んでいる。

具体的には，身体的虐待（いわゆる暴行），精神的虐待（罵り・蔑み・脅迫など），性的虐待，社会的隔離（通信手段を奪う・軟禁）などといった形での行為として現れる。DVは，図10-3で示すように暴力のサイクルでとらえられることが多い。

図10-3　暴力のサイクル

DVは，被害者と加害者に経済的・心理的な劣等感からくる隷属関係，あるいは自己犠牲的な対人関係ができており，被害者がDVを受けていることを他言できなかったり，他者に相談して別居の助言をもらってもそれが実行できないことが被害を大きくするなどの特徴をもっている。

（2）DV被害者は，なぜ逃げられないのか，逃げようとしないのか

DVのことを知ったときに，まず疑問に思うのが，なぜ逃げようとしないのか，逃げられないのか，ということであろう。これについては，次のように考えられている。

① 恐怖感：被害者は，「逃げたら殺されるかもしれない」という強い恐怖から，家を出る決心がつかないこともある。
② 無力感：被害者は暴力を振るわれ続けることにより，「自分は夫から離れることができない」「助けてくれる人は誰もいない」といった無気力状態に陥ることもある。
③ 複雑な心理　「暴力を振るうのは私のことを愛しているからだ」「いつか変わってくれるのではないか」との思いから，被害者であることを自覚することが困難になっていることもある。
④ 経済的問題：夫の収入がなければ生活することが困難な場合は，今後の生活を考え逃げることができないこともある。
⑤ 子どもの問題：子どもがいる場合は，子どもの安全や就学の問題などが気

にかかり，逃げることに踏み切れないこともある。

⑥　失うもの：夫から逃げる場合，仕事をやめなければならなかったり，これ
まで築いた地域社会での人間関係など失うものが大きいこともある。

（3）DVの影響

身体的な健康障害としては身体的暴行や性的強要による受傷はもとより，頭
痛・背部痛などの慢性疼痛，食欲不振や体重減少，機能性消化器疾患，高血
圧，免疫状態の低下があるといわれている。

DV被害者に最も多い精神健康障害は，うつ病とPTSDであり，シェルター
に逃げてきた被害者に対する調査では，うつ病は4～6割，PTSDは3～8割
の被害者に診断されるという。ほかにも自殺傾向・不安障害・身体化障害・ア
ルコールや薬物濫用，また長年の暴力被害により，話がまとまらなくなってい
たり，極端に自信を喪失していたり，過度に自責的になったり，人を信用でき
なくなっている被害者も少なくないという。

身体的に直接的な虐待被害を受ける子どもも少なくないが，DV状況の目撃
そのものも虐待のひとつである。シェルター滞在中の調査では心理的ケアを要
する臨床域にあるとされる子どもは8割に達するとの報告もあり，DVへの支
援は，被害女性と子どもの双方に対して，長期間必要であることを示してい
る。

（4）DVへの対応
1）DV防止法

今まで述べてきたような特質をもつDVに対して，国が本格的に対応するよ
うになったのは，配偶者からの暴力に対する通報・相談・保護・自立支援など
の体制を国または市区町村で整備することにより，暴力の防止・被害者の保護
を図ること目的とした「配偶者からの暴力の防止及び被害者の保護等に関する
法律」（DV防止法）が制定されてからである。

2）配偶者暴力相談支援センター

DV防止法では，都道府県は，婦人相談所その他の適切な施設において，配
偶者暴力相談支援センターとしての機能を果たすようにすることとし，市町村

には，当該市町村が設置する適切な施設において，配偶者暴力相談支援センターとしての機能を果たすようにすることを努力規定とした。

2019（平成31）年4月現在，配偶者暴力相談支援センター機能をもつ施設は，287か所（うち市町村設置主体：114か所）となった。

配偶者暴力相談支援センターでは，配偶者からの暴力の防止および被害者の保護を図るため，①相談や相談機関の紹介，②カウンセリング，③被害者および同伴者の緊急時における安全の確保並びに一時保護，④自立して生活することを促進するための情報提供その他の援助，⑤被害者を居住させ保護する施設の利用についての情報提供その他の援助，⑥保護命令制度の利用についての情報提供その他の援助を行っている。

3）保護命令制度

被害者は，家庭裁判所に次の申立てを行うことができる。①被害者への接近禁止命令，②退去命令，③被害者の子または親族等への接近禁止命令，④電話等禁止命令の4つである。

4）支援措置等

DV等被害者を保護するため，住民基本台帳の一部の写しの閲覧，住民票の写し等の交付，戸籍の附票の写しの交付について，不当な目的により利用されることを防止することが支援措置の目的である。また，生活保護の受給や子どもの区域外通学などで配慮が行われる。

5）避難・シェルター

DV被害の女性の避難場所としては，都道府県立の婦人相談所の一時保護，母子生活支援施設における母子緊急一時保護制度などがある。婦人相談所の一時保護に関しては，同行家族としての年齢の大きい男児は入所できないことが多い。

6）DV被害からの回復

DV被害者への回復への支援としては，社会的経済的支援，医学的治療や精神医学，心理学的支援などさまざまな角度から総合的に行われるが，長い時間がかかる。被害を受けた配偶者だけでなく，支援はその子どもたちにも行われなければならない。加害者の下から避難し，新しい生活を始められれば解決するものでないことを十分に認識しなければならない。

DV被害者支援においては，NPO（非営利組織）などが独自の回復プログラムを準備している。例えば，「NPO法人女性ネットSaya-Saya」が開発した心理教育プログラムである「びーらぶプログラム」を以下に一例として示す。

> 「自分自身が大切なひとであること」，「暴力を振るわれる必要はないこと」に気づき，「本来の自分の力やすばらしさ」を取り戻していくこと，「自分自身の感情」を取り戻し，健康なこころと身体をはぐくみ，対等なコミュニケーションスキルを学び，暴力を選択しない方法を身につけていくことを目的にしています。
> 　将来，暴力の加害者・被害者・傍観者をつくり出さないことを目指します。

3．これからの課題

　子ども虐待もDVもともに，加害者の存在があるから起こる事柄である。事件として報道されたり，DV被害の現実を目の当たりにしたときに，その加害者の問題性に目が奪われがちである。しかし，子どもへの虐待加害者もDV加害者も支援を必要としている人々である。彼らに対して懲罰を与えても解決にはならない。子ども虐待もDVも社会が生んだ病理としてとらえる視点が専門職には欠かせない。

　例えば，前述の2019（令和元）年の児童福祉法等改正により，しつけのための体罰が禁止されたが，国民の多くがしつけのために体罰はやむを得ないと考えているとの調査結果が示しているように，しつけに体罰を用いることが依然として多数派である。体罰を用いたしつけをしてきた虐待親は，しつけに体罰を容認する社会，暴力容認の社会のなかで育ち，生活してきたからこそ，わが子に対して体罰＝虐待を行っているといえる。社会の価値観を変えていくことは，短期間でできることではないが，暴力容認の社会を変えていく施策が強く求められていると思われる。このことは，DVについても，私たちを取り巻くものが暴力容認の社会であることが背景にあることを認識する必要がある。

　また，社会的につくられた性別役割分業としての母親役割とその負担の大きさに目を向ける必要がある。育児は女性である母親が中心に担うべきとの価値観は，この国に広く行きわたり，無意識化されているともいえる。

　子ども家庭福祉の実践者は，日頃の業務を通して，暴力容認の社会と社会的につくられた性別役割分業に立ち向かっていく必要があるのではないだろう

か。そのことがない限り，悲劇は繰り返されるであろう。

　世間で一般に言われている母親役割や父親役割なども社会的につくられた性的役割にすぎないことを改めて認識し，子どもも女性も高齢者もすべての人々が共生するインクルージブな社会をめざすことが遠回りなようだが，確実な虐待防止，DV防止につながるのではないだろうか。

【参考文献】

・厚生労働省「福祉行政報告例」，2008年度版〜2017年度版
・厚生労働省「子ども虐待対応の手引き」，2013
・厚生労働省「児童相談所運営指針」，2018
・厚生労働省「子ども虐待による死亡事例等の検証結果等について」，第1次〜第14次報告，2005〜2018
・埼玉県「教職員・保育従事者のための児童虐待対応マニュアル」，2018
・厚生労働省「要保護児童対策地域協議会設置・運営指針」，2017
・加茂登志子「ドメスティック・バイオレンス（DV）と心身の健康障害」
　https://www.e-healthnet.mhlw.go.jp/information/heart/k-06-004.html
・宮崎七月「ドメスティック・バイオレンスの実態とアプローチ」
　https://www.u-gakugei.ac.jp/~nmatsuo/natsuki-kadai.htm
・NPO法人女性ネット Saya―Saya
　https://saya-saya.net/about/
・内閣府男女共同参画局「女性に対する暴力の根絶」
　http://www.gender.go.jp/policy/no_violence/index.html
・森田ゆり『ドメスティック・バイオレンス―愛が暴力に変わるとき』小学館，2007
・小西聖子『ドメスティック・バイオレンス』白水社，2001
・浅井春夫編著『シードブック子ども家庭福祉　第3版』建帛社，2017

第11章	# 子どもの貧困と家庭支援 ## 地域で子どもと家族を支えるには

　「子どもの貧困」という言葉を頻繁に耳にするようになり，10年ほどが経過する。日本において貧困は，あたかも第二次世界大戦後までのもので，その後の高度経済成長を経て忘れ去られたかの観があった。しかし，人としての生存を脅かす「絶対的貧困」に対して，その国の一般的な生活水準や文化水準と比較して顕著に貧しく困窮している「相対的貧困」という概念によって，貧困が再発見された。そして，それらが子どもの発達に大きな影響を及ぼすことも徐々に明らかにされ，現在も社会問題となっている。

　これまでの間，国においては「子どもの貧困対策の推進に関する法律」が制定され，「子供の貧困対策に関する大綱」が閣議決定された。2020（令和2）年4月からは「高等教育の修学支援新制度」が開始される。市民レベルでも，子ども食堂や居場所の確保，学習支援等の取組みが広がりをみせつつある。しかし，これらはいずれも発展途上にあり，楽観はできない。

　本章では，子どもの貧困を考えるうえで，社会的養護とその背景も踏まえ，制度や実践の課題に迫りたい。

1.「子どもの貧困」と「社会的養護」

（1）絶対的貧困と相対的貧困

　はじめに，「絶対的貧困」と「相対的貧困」の定義や違いを確認する。前者は生命を維持するのに必要な衣食住や医療が得られない，生理的な意味で規定される。有名なマズローの「欲求5段階」でみると，最下層の生理的欲求と次段の安全欲求の一部のみが対象となる（図11-1）。

　これに対して後者は，日本国憲法第13条の「幸福追求権」，第14条の「法の下の平等」，第25条の「健康で文化的な最低限度の生活を営む権利（生存権）」

図11-1　欲求の5段階説

の保障を基底に，より高次の欲求を対象とするものである。絶対的貧困と比べれば抽象度が高く目に見えにくいが，注意深く探っていく必要がある。

（2）「子どもの貧困」とは

現在，「子どもの貧困」という場合，相対的貧困を含むのが一般的になっている。相対的貧困の定義は「等価可処分所得（世帯の可処分所得を世帯人員の平方根で割って調整した所得）の中央値の半分に満たない世帯」とされ，そこで生活する17歳以下の者に対して称されるのが「子どもの貧困」である。

日本で該当する子どもは，2012（平成24）年に過去最悪の16.3％（約6人に1人），全国で約325万人と発表された。これは先進20か国中4番目の高さで，社会問題としての位置づけが一層明確になった。

その後の2015（平成27）年には13.9％（約7人に1人），全国で約280万人と改善がみられる。しかし，ヨーロッパ連合（EU）諸国と比較すれば依然高い数値を示しており，対策が求められる状況に変わりはない。

（3）日本における社会的養護

子どもの貧困を最も凝縮しているともいえるのが社会的養護の現実である。社会的養護とは，「保護者の適切な養育を受けられない子どもを，公的責任で社会的に保護養育するとともに，養育に困難を抱える家庭への支援を行うもの」とされる[1]。その類型とそれぞれの児童数は表11-1の通りである。

日本の社会的養護のなかでは，とりわけ施設養護が多いといわれる。現在，国は施設養育を縮小し，里親の比率を増大させることを前面に示しているが，施設で生活する子どもは本当に多いのだろうか。

表11-2は社会的養護の下で生活する児童数の国際比較である。それぞれ制度の要件や定義が異なるなかで一概に比較できるものではないが，日本の施設入所児童がとくに多いわけでないことは見て取れる。日本は施設が多いのではなく，社会的養護の利用率が他国と比べて明らかに少ない。社会的養護総数が少ないから，結果として施設が多いように見えるのである。

1. 「子どもの貧困」と「社会的養護」 *115*

表11-1　社会的養護の類型と入所・委託児童数

種別	施設等数	入所・委託児童数
①児童養護施設	605か所	25,282人
②里親	4245世帯	5,424人
③乳児院	140か所	2,706人
④ファミリーホーム	347か所	1,434人
⑤児童自立支援施設	58か所	1,309人
⑥児童心理治療施設	46か所	1,280人
⑦母子生活支援施設	227か所	6,346人
⑧自立援助ホーム	154か所	573人
①～⑥計		37,435人
①～⑧計		44,354人

(厚生労働省「社会的養護の推進に向けて」, 2019)

表11-2　社会的養護の国際比較

国名	総人口 （人）	社会的養護総数 （人：人口比）	里親等 （人）	施設等 （人）
日本	12,706万	39,672（0.03%）	5,629	34,043
イギリス	6,180万	65,520（0.11%）	48,530	5,890
ドイツ	8,175万	148,065（0.18%）	61,894	65,367
アメリカ	32,010万	384,951（0.12%）	301,867	83,084

(調査年は，日本：厚生労働省，2014；イギリス，2011；ドイツ，2012；アメリカ，2009)

　一方で，里親の数は諸外国との比較で確かに少ない。しかし，これにも理由がある。里親が多数を占める国では，そのなかで地縁・血縁による養育が優先される。アメリカでは30万人を超す里親子の半数以上が地縁・血縁に基づくスキンシップケアだといわれる。日本では「親族里親」という制度はあるものの，一般市民でこれを知る者はきわめてまれで，里親の約14%，社会的養護の約2%を占めるにすぎない。

　では，諸外国に比べ日本国内で地縁・血縁による養育が極端に少ないのかといえば，全くその限りではない。例えば，震災孤児が東日本大震災で241人，阪神淡路大震災で68人いたとされるうち，いずれも直後に施設入所に至ったのは2人とされる。残る子どもは地縁・血縁で非公式に引き取られている。

116 第11章 子どもの貧困と家庭支援

　震災孤児に限らず，実父母の養育を離れた子どもが親族に引き取られる事案は，施設入所よりもはるかに多いことは予想に難くない。そしてこれらのほとんどは里親として行政からの支援を受けることなく，私的な努力で子どもの養育が行われている。「日本では里親が増えない」と言われることが多いが，「増えない」のではなく，行政が「増やさない」という見方もできる。

２．子ども虐待のとらえ直し

（１）増加一途の虐待通告

　近年，社会的養護の背景として着目されるのが，家庭等における子ども虐待である。「子ども虐待が増えた」と繰り返し報じられているが，これを鵜呑みにすべきではない。前章でも触れているように，増えているのは児童相談所が対応した子ども虐待の相談件数である。最も重篤な虐待といえる虐待死亡事例が増えているのであれば虐待そのものも増えていると類推すべきだが，実際はそのような裏付けがない[2]。

　当然ながら，虐待死がなくなっていないことは重くみて対策を講じなければならない。しかし，闇雲に「増えた」という認識を広めることで事態が改善するとは考えにくい。国は2015（平成27）年7月から子ども虐待通告の全国共通ダイヤル（189番）を設ける等，通告促進を図ってきた。その効果もあってか，2018（平成30）年度中に全国の児童相談所が対応した件数は159,850件（速報値）と過去最多の更新を続けている（厚生労働省報道発表より）。結果，急増する子どもの保護に，とくに都市部では児童養護施設や里親等の受け皿確保は全く追いつかず，一時保護所は定員を大きく超える入所で権利擁護もままならない。

　子ども虐待の対応には①予防，②発見，③発生後の支援という三段階が想定される。このなかで最も重要なのは①のはずだが，②ばかりが強調されバランスを著しく欠いている観が否めない。

（２）社会的養護の下で生活する子どもの家族

　かつては戦災孤児の保護を主な目的としていた日本の社会的養護だが，現在ではほとんどの子どもに保護者がいる。入所等の理由は経済的理由や親の精神

2. 子ども虐待のとらえ直し　*117*

疾患等さまざまだが，近年は家庭での虐待によるものが増加の一途である[1]。

　昨今の虐待死報道の影響もあり，「虐待」という言葉には残忍で猟奇的なイメージがつきまとう。しかし，ここでは社会的養護の背景を通じて，「虐待」を冷静に見つめ直したい。

　まず，社会的養護の下で生活する子どもの家庭状況を**表11-3**で確認する。乳児院以外では「実母のみ」が突出して多く，半数ほどを占めている。一方で「実父母有」は2割台が最も多い。しかし，DV被害等で妻が子どもを連れて逃げていた場合，戸籍上は「実父母有」にカウントされることが多く，実際の母子家庭の割合は数値以上に高いものと推測される。

　次に，入所・委託児童が家庭等で受けた虐待を**表11-4**で確認する。児童自立支援施設と児童心理治療施設で身体的虐待が最も多い他は，ネグレクトの多さが顕著である。

　児童相談所による相談対応件数（p.103参照）においては，急増する面前DV[2]を含む心理的虐待が最も多い。次いで身体的虐待，ネグレクトとなる。性的虐待は最も潜在化しやすく，数値としては極端に少なく表れる。これらの

表11-3　入所・委託児童の家庭の状況

施設等	総　数	実父母有	実父のみ	実母のみ	実父養母	養父実母	養父養母	養父のみ	養母のみ	不詳
児童養護施設	24,489 100%	6,612 27.00%	3,433 14.00%	11,113 45.40%	719 2.90%	2,350 9.60%	65 0.30%	95 0.40%	76 0.30%	26 0.10%
乳児院	3,040 100%	1,609 52.90%	74 2.40%	1,307 43.00%	1 0.00%	44 1.40%	2 0.10%	1 0.00%	- -	2 0.10%
里親	2,369 100%	519 21.90%	283 11.90%	1,398 59.00%	24 1.00%	122 5.10%	6 0.30%	8 0.30%	7 0.30%	2 0.10%
児童自立支援施設	1,444 100%	322 22.30%	169 11.70%	675 46.70%	49 3.40%	214 14.80%	5 0.30%	3 0.20%	7 0.50%	-
児童心理治療施設	1,087 100%	272 25.00%	103 9.50%	460 42.30%	54 5.00%	178 16.40%	6 0.60%	5 0.50%	8 0.70%	1 0.10%
ファミリーホーム	558 100%	116 20.80%	88 15.80%	279 50.00%	19 3.40%	52 9.30%	- -	2 0.40%	2 0.40%	-

(厚生労働省「児童養護施設入所児童等調査結果」，2013)

---

[1]　児童養護施設では家庭で何らかの虐待を受けた子どもが約6割とされる（厚生労働省「児童養護施設入所児童等調査結果」，2013）。

118　第11章　子どもの貧困と家庭支援

表11-4　入所・委託児童が家庭等で受けた虐待

| 施設等 | 総　数 | 虐待あり | 虐待経験の種類（複数回答） | | | | 虐待なし | 不　明 |
			身体	性	ネグレクト	心理		
児童養護施設	29,979 100.00%	17,850 59.50%	7,498 42.00%	732 4.10%	11,367 63.70%	3,753 21.00%	10,610 35.40%	1,481 4.90%
里親	4,534 100.00%	1,409 31.10%	416 29.50%	71 5.00%	965 68.50%	242 17.20%	2,798 61.70%	304 6.70%
乳児院	3,147 100.00%	1,117 35.50%	287 25.70%	1 0.10%	825 73.90%	94 8.40%	1,942 61.70%	85 2.70%
児童自立支援施設	1,670 100.00%	977 58.50%	590 60.50%	45 4.60%	525 53.80%	287 29.40%	589 35.30%	104 6.20%
児童心理治療施設	1,235 100.00%	879 71.20%	569 64.70%	70 8.00%	386 43.90%	275 31.30%	318 25.70%	38 3.10%
ファミリーホーム	829 100.00%	459 55.40%	189 41.20%	45 9.80%	292 63.60%	134 29.20%	304 36.70%	66 8.00%

（厚生労働省「児童養護施設入所児童等調査結果」，2013）

傾向は過去数年変わっていない。

　このように，入所・委託児童が家庭等で受けた虐待と，児童相談所が対応した虐待相談では類型割合の傾向が大きく異なる。端的にいえば，相談段階で第1位の心理的虐待と，第3位のネグレクトが，社会的養護においては大逆転を起こしているのである。

　これだけ顕著な現象に対してはていねいな検証が必要だが，ひとつの仮説として母子家庭をはじめとする子育て家庭の貧困と孤立が考えられる。

（3）女性の貧困

　社会的養護の下で生活する子どもの家庭は母子家庭が最も多く，家庭で受けた虐待はネグレクトが最も多い。現在の日本では，母子家庭の約8割が離婚によるもので，元の夫がいる。しかし，養育費を受け取っている母子家庭の割合は徐々に上昇しているものの24.3%で，平均額は43,707円とされる[3]。養育費の受取り改善の必要も指摘されるが，これのみで母子家庭の生活が大きく改善されるとは考えられない。

＊2　2004（平成16）年の児童虐待の防止等に関する法律の改正で，子どもの面前での配偶者間等の暴力が心理的虐待の一種として定義された。2013（平成25）年からは警察が面前DVへの積極的介入および体制を確立し，警察から児童相談所への通告が急増した。

生活保護を受給している割合は，母子家庭・父子家庭共に1割とされる。日本では生活保護の捕捉率（保護が必要な人に対して，実際に保護が行われる割合）が約2割ときわめて低い。養育費がもらえない，生活保護が受けられないとなれば，後は児童扶養手当である。しかし，こちらも厳しい所得制限があるうえ，満額受け取っても月額42,910円に過ぎない。子ども2人目の加算は最大10,120円，3人目以降は1人当たり最大6,080円で，子ども2人の母子家庭で得られる手当は最大合計59,110円である（2019年現在）。この額で母子3人が1か月生活するのはきわめて困難である。結果，母子家庭の母親の約8割は就労することになる。

母子家庭の就労年収は，近年改善がみられるものの平均200万円に留まっている。なかでも半数以上を占めるパート・アルバイト等の非正規就労の家庭では平均133万円とされ，相当な困窮が予測される。

筆者は児童養護施設で勤務するなか，母子家庭におけるネグレクトで子どもが保護される場面に繰り返し立ち会ってきた。ある例では，母親は幼い子どもを家に残して，ダブルワーク，トリプルワークで家計を1人で支えていた。夜間，母の留守に子どもが目を覚まし，玄関の外を泣きながらさまよった。近隣から警察に通報が入り，ネグレクト事案の発生となった。一旦は，子どもは家庭に戻されたが，その後も類似した状況が続いて子どもは児童養護施設措置となった。主訴（入所理由）は，「虐待（ネグレクト）」である。人の二倍，三倍とがんばっていた母親に，虐待者のレッテルが貼られる社会にこそ問題があるといわざるを得ない。

国際的には離婚後も共同親権が主流のなか，日本は未だに単独親権である。とくに子どもが幼少である場合，経済力にかかわらず母親が親権を担う例が多い。ひとり親家庭に対する公的に標準化された経済支援は，これまで触れた限りである。

近年は各自治体で，資格取得や就労に向けた支援等が用意されている。しかし，これらはいずれも「自立支援」が基本方針であり，親の自己責任を前提とするものである。産んだ親の責任に子育てを押しつけ，母子家庭等をネグレクトしている社会で子どもの貧困を解消することはできない。

3. 子どもを地域で支えるには

（1）社会的養護のモデルチェンジ

　先に述べたように，現在国は社会的養護の変革を掲げているものの，その内容は施設より里親，そして特別養子縁組といった形態論に終始している。これらは「子どもに家庭を」というマジックワードで覆われ，具体的な機能や，何よりも子どもにとっての意味が明確でない。

　とくに学童期以降の子どもは，「家庭」「学校」「地域」の３つの柱に支えられて成長する。日々，電車で生活圏を離れて通勤する生産年齢の大人は忘れがちだが，子どもにとって学校を中心とする地域は，まさに世界そのものである。地域での交友関係はかけがえのないものだし，子どもたちはそのなかで時に激しく一喜一憂しながらアイデンティティを形成していく。

　現在の社会的養護の最も重篤な問題は，家庭が機能しないと断じられるやいなや，学校からも地域からも子どもを引き離していることである。説明や同意はおろか，事前の予告もなく，多くの子どもがそれまで培った愛着，友情，時に恋心等すべてを保護の名の下に奪われている。

　新たな養育者となる施設職員や里親が情熱をもって子どもと接しても，出会う以前に子どもは生きるエネルギーを少なからず削がれている。安定した関係を築くのは容易ではない。「施設か里親か」という大人目線の形態論で子どもをたらい回しにすることなく，地域で家族と共に子どもを支えるべく，施設も里親もモデルチェンジを模索すべきである。

（2）子どもの回復を支える

　図11-2のように，経済的貧困は家族関係の不安定化や，地域における家族の孤立へと結びついていることがしばしば見受けられる。衣食住が整わなければ，子どもの発達や意欲にも影響を及ぼす。結果として，子どもは低学力・低学歴で年齢を重ね，社会へ出るにあたっての展望を描けない。大人の貧困（女性の貧困）と子どもの貧困はこうして世代間でも連鎖してしまう。

　こうした構造的な連鎖は，簡単には解消できないもののようにもみえる。しかし，私たちは子どものもっている回復力に期待をすることができる。家庭で

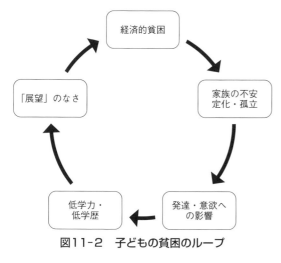

図11-2 子どもの貧困のループ

ひどく傷ついた子どもが少しずつ自他への信頼を取り戻す姿，高校進学さえ投げやりになっていた子どもが大学で将来を模索する姿を，筆者は何度も見てきた。子どもをたらい回しにするのではなく，周囲の環境が変わることで子どもは回復することができる。何よりも肝心なのは，子どもや親の自己責任を理由に，その可能性に蓋をしてしまわないことである。

(3) 市民レベルの活動からソーシャルアクションへ

現在，全国各地に子ども食堂や子どもの居場所，学習支援等の活動が市民レベルを中心に広がっている。これらは子どもの支援に留まらず，高齢者を含む大人の居場所にもなっていることも注目に値する。子どもを介して，地域の大人たちも緩やかにつながっていくことが可能であることを，多方面から学ばせてもらっている。

全国の児童養護施設等も施設の有するマンパワー，専門性，設備等を動員して，地域住民と活動を共にしてほしい。持続可能な範囲内で，できることから少しずつでよいと考えている。

草の根レベルの市民活動が，国や自治体の施策に確かに反映されるよう，多様な関係者の一層の連動を期待し，参画したい。

4．地域における実践例と今後に向けて

(1) 社会的養護系施設等の役割

児童養護施設の主な役割は，入所児童の生活支援・自立支援・退所後の相談援助である。これに付随して，家族関係の調整や再統合，関係機関との連携を

行っている。

近年はケアスタッフの他に，心理職や家庭支援専門相談員，里親支援専門相談員，育児機能強化職員，自立支援コーディネーター（東京都等）といった専門職員の配置が進んでいる。社会福祉士や精神保健福祉士，公認心理師，栄養士，看護師等の有資格者も増えており，これらのマンパワーを地域に向けて動員することが期待される。

また，現在の養育里親は，子どもにとっても保護者にとっても利用しにくい面があり，その数も伸び悩んでいる。前述したように，国は里親の増加を社会的養護施策の中心に掲げている。これを進めるのであれば，里親制度が真に子どもの最善の利益を追求するものへと変容する必要がある。

ここでは地域における児童養護施設や里親等の機能・取組みと今後のあり方を概括する。

1）ショートステイ（子育て短期支援事業）

筆者の勤務する施設では2市・1区のショートステイを受託している。通常のショートステイは原則7日間までの理由で，親の就労や出張，傷病，出産，レスパイト等，利用理由は多様である。

近年増え始めている要支援家庭を対象とする場合には，激しい育児疲れと虐待のおそれを利用理由とし，最長2週間までの宿泊を受け入れている。ショートステイと一時保護の中間に位置するイメージである。

児童相談所の一時保護所が慢性的に定員を上回る入所となるなか，いずれもニーズは一層高まっている。

2）一 時 保 護

児童相談所の一時保護所が常態的に定員を超過するなか，東京都内では大半の施設が一時保護を受け入れている。中には一時保護の専門ユニットを構えている施設もあるが，受け皿としては足りていない。

児童相談所の一時保護所の閉鎖性や過度な管理の問題が新聞報道も含めて指摘されるなか，一時保護のあり方を根本的に考え直す必要がある。保護者に居場所を隠して保護しなければならないケースは割合として多くはない。過度な管理下におくよりも，在籍校への登校継続も含めた地域生活の継続性への配慮を要する子どもが大半である。こうした意味からも，元の居住地域に近い施設

や里親等による一時保護を拡充する意義は大きい。

3）児童家庭支援センター

児童養護施設や乳児院等に併設され，地域の子育て家庭の相談・支援を担う。全国では129か所が運営されるが，東京都は各区市町村が「子ども家庭支援センター」を運営している（一部民間委託あり）ため，設置がなされていない。

その事業内容は，①地域・家庭からの相談に応ずる事業，②市町村の求めに応ずる事業，③都道府県または児童相談所からの受託による指導，④里親等への支援，⑤関係機関等との連携・連絡調整とされる。

管轄するのは児童相談所と同様に都道府県および政令市と，児童相談所を設置する中核市や東京都特別区である。したがって，2020（令和2）年以降は東京都内でも児童家庭支援センターの設置が進む可能性がある。

現在は児童福祉施設等への附置が前提ではなくなったが，土日・祝祭日や夜間も含めて常に職員がいる施設への附置は強みである。不十分な運営費等，課題はあるが，今後の拡充に期待したい。

4）フォスタリング機関

現在国は，社会的養護における里親委託の割合を現在の2割程度から，乳幼児は75％，学童以上は50％まで引き上げるとしている[1]。数値目標の妥当性や実現性は不明だが，姿勢は明確である。これをめざすうえで不可欠なのが里親のリクルート・育成・支援である。

本来これは児童相談所が負うものであるが，増大を続ける虐待相談の対応に追われ，十分な対応ができていない。里親の側も，里子の養育に関する不安や困難さを，委託の権限をもっている児童相談所へ率直に相談するのは難しいとの声も多い。

こうした状況から，2019（平成31）年より国はフォスタリング機関を民間の法人・団体が創設するための予算を組んだ。その業務としては，①里親のリクルートおよびアセスメント，②登録前，登録後および委託後における里親に対する研修，③子どもと里親家庭のマッチング，④里親養育への支援が示されている。職員体制は，統括者，ソーシャルワーカー，リクルーター，心理職，事務職員の配置が想定されている。

担い手としては民間の幅広い団体等が想定されるが，乳児院や児童養護施設等の児童福祉施設は，その有力な候補とされている[4]。今後，児童家庭支援センターと併せて，施設は地域におけるソーシャルワーク機能を高めていくことが求められている。

5）新たな里親のあり方

現在の里親制度には，養育里親，専門里親，養子縁組里親，親族里親，小規模住居型児童養育事業（ファミリーホーム）がある（わが国の里親制度については「子ども家庭福祉」「社会的養護Ⅰ」で学んだことを復習しよう）。養育里親がその中心になっているが，社会的養護というよりは，「わが子として」養育したいという意識の家庭も多い。実親にとっては，児童養護施設のように気軽に面会に行くことが難しいなど，子どもを預けることに抵抗感を抱きやすいという課題がある。

一方で東京都のフレンドホームや神奈川県の三日里親のように，児童養護施設等の子どもを短期間預かる制度もある。一般家庭の子どもに対しては，従来児童養護施設等が主に行っていたショートステイ事業を，協力家庭に委託する取組みも広がりつつある。

実親に代わって長期に子どもを養育するとなると，里親の担い手には大きな負担がかかる。しかし，地域を中心に可能な範囲で時々実親のサポートをするということであれば，啓発によって数を増やすことは可能だし，実親の心理的抵抗も軽減できる。

子どもが生活する地域で，実親子を切り離すことなく必要に応じてサポートをする。子育てが一段落したシニア世代等を中心に，祖父母宅あるいは近所のおばちゃん・おじちゃん宅のような里親を増やしていくことが，子育て家庭の孤立解消・緩和に向けて有効だと考えられる。そして，そのリクルートや支援，子どもや実親とのマッチングを，前述した児童家庭支援センターやフォスタリング機関が担うことが期待される。

（2）地域住民等による取組み

近年，「子ども食堂」を象徴とする地域住民等による子ども等を対象にした活動が，全国で広がりをみせている。筆者の勤務施設のある東京都清瀬市で

も，子ども食堂の他，居場所，学習支援，不登校児支援等の取組みが活発になりつつある。

筆者は2013（平成25）年に現施設へ赴任した頃より，社会的養護に保護される前の地域における子ども・家庭支援のあり方を模索していた。はじめに着手したのは，既に地域で活動を始めている団体や個人の組織化である。市の社会福祉協議会を中心に呼びかけ，「清瀬市子ども家庭支援者・団体連絡会」（以下「連絡会」）を立ち上げた。

筆者は市外から通勤しており，子どもや子育て家庭の支援ニーズを的確には把握できていない。勤務施設で「新たな子育て支援の事業を」と意気込んでも，空回りすることは目に見えていた。清瀬市内にはNPO法人やスクールソーシャルワーカーをはじめ，先駆的な支援実践が少なからずあった。まずは，これらを組織化し，互いに顔の見える関係をつくること，それぞれの実践を知ることが端緒となると考えた。連絡会では継続的に会合をもち，年に一度市民向けの啓発イベントを開催している。

現在に至るまで，連絡会を共に呼びかけた地域の支援団体が，当施設や地域の集会所等を用いて居場所や学習支援，「ご飯の会」といった取組みを続けている。これらはあくまで地域住民が主体で，当施設等は助成金の申請や会場の管理等，裏方を手伝うに留まっている。

現在，当施設を運営する法人の新規事業として，専用の建物を設置し放課後の居場所・食事提供・学習支援・養育相談を行えるよう，準備を進めている。当面は民間団体からの助成で運営し，東京都の「子供の居場所創設事業」[*3]への移行をめざす。これについても，運営は可能な限り地域住民等の主体的参加を募っていく。

近年は「8050問題」[*4]に象徴されるように，ひきこもりや孤立が社会問題化している。地域で子どもの居場所を創設することは，そこに関わる大人にも居

---

*3　すべての子どもやその保護者を対象として地域における居場所を創設し，子どもに対する学習支援，居場所支援，食事提供をはじめとした生活支援，親に対する養育支援を実施することで，一つの拠点において子どもやその保護者に対して包括的な支援を実施する。2016（平成28）年から東京都が施策を開始した。実施主体は市区町村。

*4　2018（平成30）年3月，札幌市のアパートの一室で82歳の母親と引きこもる52歳の娘の親子が飢えと寒さによって孤立死した事件により社会問題化した。

場所や活き場所を用意できる可能性がある。子どもを核として，さまざまな年代や生活形態の大人も集まる。よいことばかりでなく，トラブルも起きるに違いない。それらを共有し，踏み越えていくことで地域から孤立の芽を摘んでいく。そうしたことこそが，制度の限界を超えて地域住民がなせる業ではないだろうか。

（3）自治体に関する動向

　子どもや子育て家庭を支える医療・教育・保健・福祉行政の中心は市町村が担っている。一方で児童相談所や社会的養護の運営は都道府県と政令指定都市および一部の中核市である。子どもの虐待死事件が起きると児童相談所が度々非難を浴びているが，基礎自治体と都道府県の役割や連携のしくみを冷静に再検討する必要がある。

　2017（平成29）年改正の児童福祉法では，中核市に加え東京都の特別区（23区）でも児童相談所が設置できるものとされた。2019（令和元）年現在は練馬を除く22区が設置を検討し，世田谷・荒川・江戸川の3区は2020（令和2）年開所をめざし先陣を切って準備を進めている。

　これまでの「子ども家庭支援センター」との関係等，位置づけは3区三様である。これには懸念と期待が混在する。主な懸念は，自治体間格差が広がり，区の財政状況や力量によって子どもが受けられる支援が異なることである。とくに社会的養護では同一施設内において，子どもを措置した自治体によって差が生じる可能性もある。

　一方で主な期待は，基礎自治体内で教育・医療・福祉等が連携することで，社会的養護の予防を含めたケースワークが進展することである。とくに前述した社会的養護と貧困の連関に鑑みると，生活保護行政をはじめとする福祉事務所との連動は要保護児童対策に有用だと考えられる。

　現代の日本では，子育てに対して産んだ親の責任が強調されてきた。家庭機能や地域の連帯が脆弱化するなか，家庭での養育不全の多くが「子ども虐待」という親の問題として社会化している。

　家庭か社会的養護か，施設か里親か，こうした二元論で子どもをたらい回し

にせず，地域の主体的生活者として子どもを尊重する。そのために子どもや家庭等を支える資源や方法を地域ごとで多様に備えていく。制度の行き届かないところを民間が補いつつも，それによって新たな政策提言がなされる。

　こうした循環のなかで，実親の存在を尊重しながら社会的養護を含む地域社会が家庭養育を補完していく。いま，子ども家庭支援のベクトルは大きく変換されるべきである。

【引用・参考文献】

1）厚生労働省「社会的養育の推進に向けて」，2019
2）社会保障審議会児童部会児童虐待等要保護事例の検証に関する専門委員会「児童虐待による死亡事例の推移」，2018
3）厚生労働省「全国ひとり親世帯等調査結果報告」，2017，母子家庭に関する数値データはいずれもこれに基づく
4）厚生労働省子ども家庭局長通知「『フォスタリング機関（里親養育包括支援機関）及びその業務に関するガイドライン』について」，2018
・平田修三・根ヶ山光一「制度化されたアロケアとしての児童養護施設　貧困の観点から」発達心理学研究，第23巻第4号，2012，460-469
・明治大学齋藤雅己研究会社会保障分科会「母子世帯の慢性的貧困についての考察〜公的就業支援事業改革とそのPR方法の改善〜」，2015
・浅井春夫『「子供の貧困」解決への道―実践と政策からのアプローチ』自治体研究社，2017
・山野良一『子どもの最貧困・日本―学力・心身・社会におよぶ諸影響―』光文社新書，2008
・松本伊智郎・湯澤直美・平湯真人・山野良一・中嶋哲彦編著『子どもの貧困ハンドブック』かもがわ出版，2016
・厚生労働省「ひとり親家庭等の支援について」，2018
・日本弁護士連盟「今，ニッポンの生活保護制度はどうなっているの？　〜生活保護のことをきちんと知って，正しく使おう〜」（パンフレット），2012
・内田宏明・福本麻紀編著『まちいっぱいの子どもの居場所』子どもの風出版会，2019
・内閣府「地域子ども・子育て支援事業について」，2015

「障がいのある子」をもつ
家族と子ども家庭支援

第12章

発達を育む保育方法と家族理解

　本章では，「障がいのある子」（＝幼児・児童）の誕生から成長・発達の歩み
を健やかに育む家族と家庭の支援について考える。なお，従来からの「障害
児」を「障がいのある子」として記述する。

　保育者は，「子ども」のケア（＝健やかな成長・発達）の担い手である。さ
らに日常の仕事（保育実践）は，健常児（定型発達児）と呼ばれる子どもで
も，それぞれ「個性」があり，それなりの育て方の難しさを抱えてはいる。し
かし，本章は，保育上の難しさや工夫が必要とされる「障害」による成長過程
における「身体及び精神発達上の困難（「生きづらさ」）」を抱える「障がいの
ある子」のケアおよびその家族機能と子ども家庭支援の視点と方法について，
保育者が現場のなかで手応え（実感）を通して理解できる力を身に付けること
を目標としている。

1．「障害」と「障がいのある子」の関係性をめぐって

（1）障害の種別と手帳について

　はじめに「障害」と「障がいのある子」についての基礎知識を確認しておき
たい。障害については，①身体障害，②知的障害，③精神障害（発達障害は，
精神障害に包括されている。なお，障害児・発達障害児支援施策では「医療的
ケア児」も含む）という3つの基本となる障害種別がある[*1]。

　さらに，具体的な障害福祉サービスを受ける場合は，「氏名・年齢・現住所・
障害等級（障害の程度）」が明記された障害種別の手帳の取得が原則として必
要となる。現在は，「身体障害者福祉手帳」，「療育手帳（愛の手帳）」，「精神障

＊1　各障害については，章末（p.139）の記述を参照されたい。

害者保健福祉手帳」*2の3種類がある。

　福祉サービスについては，各障害種別の「福祉法」や，3障害を統合的に支援するための「障害者総合支援法」*3という法律がある。

　しかし，「障がいのある子」に関しては，「児童福祉法」の中に提示されている障害児を対象とした福祉サービスがまず提供される。そして，「障がいのある子（＝障害児）」についての定義について，児童福祉法第4条第2項では（抜粋・一部省略）「障害児とは，身体に障害のある児童，知的障害のある児童，精神に障害のある児童（・・・発達障害児を含む・・）又は治療方法が確立していない疾病その他の特殊の疾病（筆者注：「難病の子ども・医療的ケア児」）であって障害者の日常生活及び社会生活を総合的に支援するための法律で定めるものによる障害の程度が・・厚生労働省大臣が定める程度である児童をいう」となっている。

　この定義を踏まえたうえで本章では，「障害児」（「障害」＝「子ども」）というとらえ方ではなく，「障がいのある子」（「障害」＜「子ども」）という視点に立脚する。つまり，子どもの「障害」はその子どもの「存在の一部分」であり，保育者（家族も含む）は，その子どもの「障害」にのみとらわれることなくそれ以外の「健康な側面」への成長・発達の支援（ケア）の担い手でもある。つまり，「障がいのある子」の「障害」とは，いわば，「障害」と呼ばれる多様性をもつ「個性・特性・特徴・特質」による「生きづらさ」にその本質があるという理解の視点からその支援方法について考えてみたい。

（2）「障がいのある子」と保育現場での位置づけ方

　それでは，多様性に富む「育てにくさ」を感じさせる障害特性をもつ「障がいのある子」という考え方を踏まえながら，保育現場での視点と保育者が必要な家族機能と家庭への支援方法の前提となる視点について述べておきたい。

　障害には，「気づきやすい障害（身体障害児の「機能形態障害」や重度の

＊2　発達障害児の場合は，基本的には，精神障害に包括されているが，手帳については，知的な遅れの有無によって「療育手帳」または「精神保健福祉手帳」を取得する。

＊3　「障害者の日常生活及び社会生活を総合的に支援するための法律」の略称（2012（平成24）年成立）。

「知的障害」）」と「気づかれにくい障害（精神障害・発達障害・きわめて軽度の知的障害）」がある。そのなかで，「障がいのある子」への支援（＝保育ケア）について相互に共通する「発達の障害」に注目する視点の方が保育ケアへの「応用範囲」が広いと考えた。

　したがって「障がいのある子」とは，「障害があることで，本人（家族も含めて）人間関係を含めた社会生活における何らかの〈生きづらさ／生きにくさ／育ちの困難さ〉を日常的に感じつつ，戸惑いながらもこのコミュニティの中で精一杯生きようとしている子どもたちである」と定義しておくことにしたい。

　なお，福祉支援サービスとしては，「障がいのある子」の保育のための通所施設（児童福祉法第6条の2の2）として，日常生活の基本動作の指導，知識理解力の向上，集団生活への適応能力訓練が中心となる「（福祉型）児童発達支援センター」と，上肢，下肢または体幹機能の障害（肢体不自由）のある子どもへの発達支援としての機能訓練を目的として利用する「医療型児童発達支援センター」がある。また，詳細は省略するが，放課後等デイサービス，居宅訪問型児童発達支援，保育所等訪問支援，障害児相談支援，障害児支援利用援助，継続障害児支援利用援助の福祉支援サービスの規定が明記されている。

2. 「障がいのある子」にとって家族が，家庭という居場所となるために

（1）「家族」と「家庭」の違いについて

　本章では「家族」と「家庭」の違いについて次のように考えておきたい。「家族とは，基本的には，生活の場を共有する血縁者が構成メンバーとして人間関係の相互作用が展開される集団」であり，「家庭とは，その家族構成メンバーが共同生活することで健やかな成長・発達を促進させ，および家族員の看取りまでも担う安全と安心・安楽が保障される〈居場所（環境）〉である」と定義づけておく。

（2）「障がいのある子」に対する家族機能と子育ての課題について

　保育・子育てにおける「家族の役割（機能）」については他の章でも基本的

な考え方が説明されているので具体的な内容は参照していただきたい。

　ここでは「障がいのある子」の「障害」に対応する家族機能について，いくつか保育者が理解しておくべきケアの基本について提案をしておく。

　子育てに必要不可欠な家族（の保育）機能は，父母など（施設・里親を含む）による養育機能（child care）という「育児・子育て・養育」と呼ばれるものがある。つまり，養育機能とは，親・保護者・子育ての専門職が乳幼児に示す「愛着行動」としての「子育て（保育・養育）」を意味する言葉である。

　具体的な方法には，アタッチメント（attachment）という「（ある対象への強い）愛着行為：タッチングや多様な関わり方」として，抱っこする・遊び相手になったり，あやしたり・子どもの安全・安楽に注意と強い関心を注ぐことである。まさに，保育者が，子どもに「（心を込めて）目をかけ，手をかけ，耳を傾け，言葉をかける」ことなのである。

1）「障がいのある子」にとっての「家族（保育）機能」に必要なこと

　一般的に健常児を保育する場合にも，その子の個性を理解し尊重しながら「子育て（保育・養育）」が行われる。しかし，「障がいのある子」の場合は，どうだろうか。

　身体障害の子どもの場合，保育者がなすべきことは日常生活（移動・食事・排泄・入浴）等の「日常生活動作（ADL）」に関する介助が部分的，もしくは全面的（＝重症心身障害児の場合等）に必要となる。そのため，その子，一人ひとりの発達・成長に向かう個別課題への取組みが遅れがちとなる。

　しかし，身体障害児と同等かそれ以上に「障害の個別性」が高い知的障害児や発達障害児（＝自閉症スペクトラム）については，その対応方法（保育ケア）には，ハウツーや簡単なマニュアル，これ一つですべての問題が解決するという「成功の方程式（マスターキー）」を示すことは容易な技ではない。

2）障害理解の4つの視点[4]

　保育者にとって「発達に何らかの障がいのある子」の障害をどのように理解するかによってその「保育ケアの方法」に違いが生じる。以下では，保育者・家族が知っておくべき「障がいのある子」の基本的特徴の輪郭（4点）を素描

＊4　ここでの「障害理解の視点」については，滝川一廣『子どものための精神医学』（医学書院，2017）の「第4章『精神発達』をどうとらえるか」から多くの示唆を得ている。

（デッサン）しておく。

① 「認識力の発達」（＝理解すること）の障害理解：「認知」と「認識」の違いについて，はじめに述べておきたい。認知は，「そこに，何があるのかを認める（存在を知覚する）こと」であり，認識は，「認知したものにどのような意味（意図）があるのかについて理解すること」である。つまり「認知」を基盤としながら「認識」が成立するという相互関係にある。

　　そこで「認識の発達」とは，具体的には言語（言葉）を獲得しながら，自分が「認知」した自分に関わる人やモノにそれぞれに名称（名前）があることを知ることで，その子が自分を取り巻く生活世界の意味をより深く，幅広く理解していくことである。この「認識力の発達に障がいのある」，知的障害児や自閉症児は，「認識による生活世界の基本構造」が理解できない無防備でむき出しの危険な状態（環境）におかれている。

② 「関係形成力の発達」（＝人と関わること）の障害理解：「関係形成の発達」とは，自分の周囲の未知な世界からやって来た人たちと相互作用的関係（＝関わり）を通して，世界と「より深く，より広く」関わり，自分の生きている生活世界との絆を理解する能力を発達させることである。しかし，他者との関係形成の発達に「障がいのある」自閉症児やアスペルガー症候群の子どもたちにとっては，「自分の住む世界のなかでの位置関係」が理解できない。例えるならば，見ず知らずの人たちが自分の側をいきなり出現し通り過ぎる薄暗い街の中を灯りや地図も持たずにふらふらと道に迷っている不気味で不安に満ちた環境のなかにいる。

③ 「社会性の発達」（＝社会と関わること）の障害理解：健常児（定型発達児）の精神発達は，知覚に基づく生活世界を理解するための「認識力」と他者との「関係形成力」の発達によって自分を取り巻く環境のなかにある「ルール（規則）・役割・礼儀作法・約束」などの意味を通して「社会性」が発達の過程のなかで獲得される。しかし「認識力の発達」と「関係形成力の発達」に「障がいのある子」は，具体的には，集団のルールが守れない。自己中心的な強いこだわりを示すという「社会性の発達の障害」＝「手のかかる」子どもとして保育場面で顕在化する。そして，それが放置されたまま大人になった場合，必然的に「大人の発達障害者」の「生きづらさ」の核心

（コア）となる。

④ 「発達の脚力」の弱さへの理解と支援の方法：ここで取り上げてきた「障がいのある子」のように子どもの成長・発達のプロセスにおいて心身機能（＝基本的には脳機能の成熟）の発達に一部分もしくはその全体に障害（＝発達の障害）があり，その成熟（能力の開花）に時間がかかる場合，「発達の脚力」に弱さがあると理解することができる。その意味で，保育者（保護者も含む）は，強制ではなくその子の障害特性の「弱さ（脆弱性）」を理解し，それに応じて「発達の健やかな脚力の強さ」をその子なりの障害特性（発達の歩み方）を尊重しながら獲得させるアセスメントと支援プログラムで構成された「障がいのある子」の「個別支援計画」が支援方法の要となる。

3）家族機能としての「居場所」の条件

　家族の機能は，子どもの成長・発達のために衣食住の保障だけではなく，家族メンバーの誰にとっても「居場所」となるべき環境（「家庭という場」）を創り出すことである。ここでは，保育者が知っておくべき「居場所」の基本条件（2点）を述べておきたい。

① 「安全保障感覚」が保てる場所であること：「障がいのある・なし」を問わず，家族のなかが例えば，親からのしつけが厳しく，伸び伸びできず，常に緊張を強いられる環境だとしたら，そこは「居場所」ではない。放置しておくと子ども虐待の被害を被るリスク（危険性）が高まる「場」であると理解すべきだ。統計的には子ども虐待で児童養護施設等（乳児院・児童養護施設・里親委託）へ措置された被害児の心身の状況を調べると，知的障害や発達障害等の「障がいのある子ども」の割合が高まっているという調査報告[5]もある。

　その意味でも保育者は，「障がいのある子」の保育所等への送迎の時に出会う保護者（親）の様子や，子どもの身体に打ち身のようなあざや傷跡がないか等の表情も含めた全身状態の観察を怠ってはならない。何か，不自然な

＊5 『平成27年版子供・若者白書』（内閣府）「第1部子供・若者の状況・第5章安全と問題行動・第2節犯罪や虐待による被害・2児童虐待の状況（2）養護施設児の状況」を参照。

違和感や異変を発見した場合は，児童相談所への通報を躊躇してはならない。

② 一緒に誰か（＝保育者）がいてくれる場所であること：「障がいのある子」にとって，誰かと「一緒いること」それ自体が成長・発達に必要不可欠な要素である。その意味で，家族のなかの保育者は，「あなたの側に共にいるよ」という信号（メッセージ）を，その子どもに日常的にたゆまず送りつづけることが重要な仕事となる。しかもこれは「保育の基本」となるものである。つまり，「抱っこする。おんぶする。目を合わせること。泣いたらすぐに駆け付ける。一緒にお風呂に入る。一緒に御飯を食べる。一緒に遊ぶ」などという日常の時間を一緒に過ごしてくれる安定した人の存在が，「障がいのある子」に限らず，「子ども」がこれから育ち，自分の人生を生き抜くために必要なことなのである。このことは，「甘やかすこと」と本質的に大きな違いがある。「子どものニーズ（欲求）のみを満たすだけの甘やかし」は，「生きる力」を弱くする。

しかも，「共にいる信号」が伝えられる居場所は，その子の「生きる力を強くする心の拠点」となる。寂しさを感じていても留守番ができる子どもは，家族（保育者）が必ず自分のいる居場所（家庭）に戻ってくることを信じている。つまり，たとえ今はいなくても，「共にいる信号」によるイマジネーション（想像力）が育っている子どもは一人で留守番ができるようになるのである。

3. 「障がいのある子」の子ども家庭支援の方法

次に，子ども家庭支援の方法として保育者が知っておくべき家族をめぐる「障がいの受容」と「育てにくさ」への対処方法について述べておきたい。

（1）家族が「障がいのある子」を受容するプロセスについて

家族（親）が「障がいのある子」を，どのように受け入れていくのか理解しておくことは保育現場における子ども家庭支援の要となる。その意味で「受容のプロセス」については，精神科医キューブラー・ロスの（がん患者の）死の受容プロセスを扱った著書『死ぬ瞬間』を参考に筆者なりの解釈を加えながら述べておきたい。

3. 「障がいのある子」の子ども家庭支援の方法　*135*

　まず，わが子に「障がいがある」ことを知った親・家族にはその事態の受容に至るまでの心理的プロセスとして，以下の「5段階」がある。

　第1段階「ショック期」：予期しない強い衝撃を受け，戸惑いながらも，表面的には，平穏で感情が鈍麻した「無関心」な状態にあることが多い。この段階で，親が冷静のようにみえる場合，直面している現実（リアル）に一枚の皮膜を覆いかぶせて自分と距離をとるという，離人症的心境に陥っている。

　第2段階「否認期」：ショック期はいつまでも続かず短期間で終わり，避けがたい現実に直面する段階に入る。その時に起動するのが自我防衛機制としての「否認」である。その場合の心境としては，現実の耐え難い苦痛を回避し，と同時に，この現実は何かの間違いか「夢」のようなものであり，明日にはわが子の障害は奇跡的に消失しているはずだ等々と信じ込もうとしている状況である。この場合，支援者が当事者を「否認」という隠れ家から無理やり引きずり出し現実を直視するように迫ることはとても危険である。なぜなら，自分の現実に耐えきれない親自身が，逃避行動としてわが子を道連れに「親子心中する」等という破局的な「行動化（アクティング・アウト）」の引き金（トリガー）を引く場合がある。保育者として，家族への支援は，状況の変化に慎重に関心をそらすことなく「手を離すことがあっても，親の行動からは目を決して離してはならない」という危機管理の責任がある。

　第3段階「混乱期」：この段階では，当事者である親（家族）もいよいよ避けることのできないわが子の障害に正面から向き合うことになる。親の気持ちの中で，「障がいのあるわが子」に対して強い「悔み・申し訳の無さ」という感情にさいなまれることが多い。しかし，同時に，自分が理不尽な立場におかれてしまったと被害的に思い込んだ場合などは，周囲への人へ，「怒り・うらみ」による攻撃（＝批判）を始めることがある。しかし，それも一時的で，突然「悲嘆・抑うつ感情」など自責的になる場合が多くみられる。つまり，この段階では，当事者の感情の混乱がきわめて不健康で誤った認識に巻き込まれている危険な状況にある。このような状況では，支援者に攻撃（怒り）をぶつけたり，引きこもったり，自殺企図に走るなど極端な行動化が多く，安易な励ましや慰めには意味がない。この段階における保育者・支援者に求められる家族（親）への態度は，「子どもの障害についての事態についての推移については，

何とも言えないが，お気持ちは理解できます。自分としては，あなたとお子さんのために，最大限の支援に努力します。ですから，一人で悩みを抱え込まないでください」という一貫した態度とメッセージを送り続けることが重要である。

第4段階「解決の努力期」：この段階に来て保護者はこの状況を打開しようと建設的（前向き）な心境へ移行して来ている。混乱期の攻撃性，自責の感情では問題は何も解決しないこと，自分たちの責任においてわが子の障害を理解し，成長・発達に向けて親として，「すべきことは何か」を知るという問題解決への歩みが始まる段階である。親は，わが子の障害の有無や，子育てという営み（いのちの育み）を通して「親という存在（役割）」を獲得していく。

そして，とくに「障がいのある子」の親になると決意したことは，何らかの「新しい価値の発見」を伴っている。この段階で支援者がやるべきことは，保育の専門家として「必要な情報提供」をしつつ，「障がいのある子」の親の会等の当事者グループ（セルフヘルプグループ）への参加を促すことは意味がある。なぜなら，同じ問題を共有し合う当事者同士の方が，親の孤立感を弱め，当事者同士（ピア）の相互支援活動から「親」（当然，家族として）の育児能力の強さを開発（エンパワー）することができるからである。

第5段階「受容期」：この段階では，親自身が「障がいのある子」を家族のメンバーとして受け入れ，親自身は，その子の親としての役割を果たそうと決意する段階である。しかし，この受容期の初期はきわめて弱く，親は「健常児（定型発達児）」と「障がいのある」わが子を無意識に比較して，外見や成長・発達の違いに感情のゆらぎが生じることもある。つまり，親自身が「受容の揺らぎ・揺り戻し期」に陥ることがあるという前提で，保育者・支援者は，見守ること（関心を外さないこと）が必要不可欠である。なぜなら，油断すると子ども虐待という落とし穴に親自身が転落する危険が存在しているからである。

（2）「育てにくさ」への関わり方─保育者（および家族）ができること

保育者ができる「障がいのある子」の育てにくさについての「関わり方（褒め方・叱り方）のコツ」を2点述べておきたい。

1）「褒め方」のコツ

「障がいのある子」には，保育者との関係のなかで，「自己評価」を高める「褒め方」のコツがある。

具体的な「褒め方」として，例えば，保育所等（家庭）のなかで何かお手伝いをしてくれた場合に，一般的には「ありがとう」という言葉をかけることが多い。また，時に「偉いね。がんばったね。お兄さん（お姉さん）になったね」という評価的な褒め言葉を使うことがあるかもしれない。しかし，次のような言葉をかけた場合はどうだろうか「ありがとう。Aちゃんのおかげで，先生とっても助かったよ」と。この褒め言葉は，自分と対等な関係に子どもを位置づける場合に出てくる言葉ゆえに，子ども自身のなかに「自尊感情」と「自己効力感」を高めることにつながるものとなる（他にも，どのような例があるか，この機会に各自で考えてみてほしい）。

2）「叱り方」のコツ

「叱り方」は，子育ての場面においてとても難しい。もしかすると，正解はないのかも知れないと思い悩む保育者も多い。とくに，「障がいのある子」は「認識力の発達」と「関係形成力の発達」の障害に伴う「社会性の発達に課題」を抱えて「生きづらさ」を実感しているので，慎重さ（工夫）が要求される。しかし，だからこそ生活世界の基本構造が不確かな子どもであるがゆえに外せない「叱り方」がある。それは，「自傷行為」と「他害行為」の場合である。

① 自傷行為の場合：即時介入し，「禁止」のメッセージを伝えること。その場合，「叱る」というよりも，今，本人が感じている「痛み・辛さ」を言語化（表現・意識）し，「痛かったよね。苦しかったね。辛かったんだね」などと，本人の気持ちを代弁しながら，本人なりの感覚・感情を開示させることに辛抱強く付き合うことが必要である。その後で，その理由をていねいに傾聴し，問題状況を把握する。

② 他害行為を起こした場合：この場合も待ったなしで危機介入的に「叱る」必要がある。その場合に，単純に「こら〜，何をやってるんだ，だめじゃないか」と叱り飛ばすだけでは，その子が生きている「不完全で理解不能な生活世界」を変容する力としては響かない。そこで「叱り方」の提案なのだが，例えば「何をしたの。A君のしたことで，B子ちゃんは今，なぜ泣き出

したんだと思うのかな」とまず，「相手（被害者）の気持ちに寄り添うように，当人がしたことの意味を考えさせる」叱り方がとても重要になる。

とくにこの「叱り方」は，障害となっている「認識力の発達」と「関係形成力の発達」の両面へ，同時に刺激を付与するチャンス（好機）になる。つまり，問題を起こしたA君の「考え方（＝認識の発達の障害）」と，他者の気持ちを自分の気持ちに置き換える「関係形成の発達」の両面にアプローチすることで，「社会性」の発達の脚力を育てることができる。

その際，A君を「他の子ども」と「比較した叱り方」をしないことである。きょうだい関係同様に，保育者が比較原理をもち出した場合には，叱られた側は，自尊感情に強いダメージを受けて無意識に心を固く閉ざしてしまうことになる点は要注意である。

4.「奇跡の人」を思い出しながら

本章では「障がいのある子」の家族と子ども家庭支援の保育者として関わり方の基本について述べてきた。そこで最後に思い出してほしい2人の人物がいる。その人物の名は，「奇跡の人」として呼ばれ世界の障害者運動の旗手となったヘレン・ケラーと彼女を指導したアニー・サリバン先生である。そして，この機会に「障害児保育」を学ぶケアの担い手は，彼女たちの出会いと格闘の日々を，より深く知ってほしいと願う。まさに「障がいのある子」である「ヘレン」とわが子の障害に翻弄された家族から，「ヘレン」の療育の仕事を依頼されたサリバン先生の「苦悩」は，「障がいのある子」とどのように保育者として向き合うべきなのかということと共通する。保育や子育てに「正解」を探し出すことは困難だが，この分野の先人として，自らも深く悩み抜き，試行錯誤を重ね，ヘレンの中に眠っていた能力を覚醒させたサリバン先生の「執念と情熱」が今も心に深く突き刺さってくる。彼女が「ヘレンに，この生きる世界の感動を教え伝えることができるまで，私は決して諦めない」と誓う姿（生き方）を知ることから，「障がいのある子」に関わる保育者は，今も多くの示唆を得ることができると思うのである。

〈参考：障害について〉
身体障害：身体機能障害（肢体不自由・音声言語障害・視覚・聴覚の感覚障害，内部障害等，詳細は，「身体障害者福祉法」の別表を参照）

知的障害：以前（1960（昭和35）年）から「精神薄弱者福祉法」の対象者として呼ばれていたが，人格に問題があるかのようなスティグマや差別的偏見を助長し否定的な印象があることから用語の見直しが行われ1999（平成11）年の法改正より「知的障害者福祉法」と名称変更が行われた。そのなかでも，知的障害の定義規定はない。一般的には知的機能の障害が発達期に顕在化し，日常生活能力に支障が生じ，何らかの特別な支援を必要とする障害のこと。なお，具体的には知能検査（IQ）および基本的生活能力検査を含めて総合的に判定される。

精神障害：「精神保健及び精神障害者福祉に関する法律」第5条（定義）では，「統合失調症，精神作用物質による急性中毒又はその依存症，知的障害，精神病質その他の精神疾患を有する者をいう」とされる。

発達障害：「発達障害者支援法」第2条（定義）には，「『発達障害』とは，自閉症，アスペルガー症候群その他の広汎性発達障害，学習障害，注意欠陥多動性障害その他これに類する脳機能の障害であってその症状が通常低年齢において発現するもの（以下略）」とある。なお，アメリカ精神医学会が編集している『精神疾患の診断・統計マニュアル（DSM-5）』（2013年版）では，発達障害という考え方が個別の障害群ではなく一連に連続した障害＝「自閉症スペクトラム（ASD）」という考え方の診断基準に変更された。

【参考文献】

・原田マハ『奇跡の人』双葉文庫，2018
・ヘレン・ケラー（川西進訳）『ヘレン・ケラー自伝』ぶどう社，1982
・キューブラー・ロス（川島正吾訳）『死ぬ瞬間』読売新聞社，1976
・キーロン・スミス（臼井陽一郎：監訳／結城俊哉訳者代表）『ダウン症をめぐる政治－誰もが排除されない社会へ向けて－』明石書店，2018
・毛利子来・山田真・野辺明子編著『障害をもつ子のいる暮らし』筑摩書房，1995
・アン・サリバン（遠山啓序・槇恭子訳）『ヘレン・ケラーはどう教育されたか－サリバン先生の記録－』明治図書，1973
・滝川一廣『子どものための精神医学』医学書院，2017
・厚生労働省，平成31年度予算案「障害児・発達障害者支援施策について」
　https://www.mhlw.go.jp/content/000464570.pdf

精神障害のある保護者と子ども家庭支援

第13章

どのような配慮と支援方法が求められるか

1. 精神障害のある保護者とは

(1) 日本における精神障害のある人の家族支援

1) 精神障害のある人が親になるということ

　皆さんは，精神疾患（精神障害）[*1]と聞いてどのような人たちを思い浮かべるだろうか。誰か知っている人の顔が浮かんだかもしれない。また，これまでに学校で精神疾患（精神障害）について学ぶ機会はあっただろうか。ここでは，精神障害について知ったうえで，保育者として必要な視点と，どのような支援を行っていくべきかを学んでいく。

　精神障害のある人たちの多くは，適切な治療と必要な福祉サービスを受けながら地域でそれぞれの人生を送っている。彼らは，穏やかで気が弱く，こちらが気にしないような小さなことを気に病む。筆者は精神保健福祉士の養成をしているが，実習に行く学生の多くが「精神障害者の方たちが穏やかで驚いた」「一緒にいると癒される」と表現する。精神保健福祉の専門職になろうとしている人たちでさえ，実習を行う前は精神障害のある人たちへのイメージが十分にはもてていない。保育者になる皆さんも「精神障害のある保護者」とひと括

---

*1　この章では「精神障害のある保護者（親）」もしくは「精神障害のある人」と基本的には表記を行う。ただし，法律や引用では「精神障害者」などを活用し，また，病状について主に表現が必要な場合には「精神病」や「精神疾患」と表現している。
　　本章において，精神障害は，精神病（精神疾患）を原因として生じる生活のしづらさに対して焦点を当てた言葉である。また，「精神障害のある保護者（親）」とした場合，①精神病を発症していること，②精神病を要因として，生活に何らかの課題を抱えていること，③そのうえで，周囲からの専門的な支援（福祉など）が必要な人（実際に支援を受けているかどうかは問わない）という意味で使っている。

りで考えたり，苦手意識をもったりするだけではなく，適切な支援があれば地域で暮らしていける人たちであること，そのうえで個々を知ること（個別化），そして何よりも子どもを一緒に育てるパートナーであるという意識で精神障害のある保護者と向き合ってほしい。

これまで「精神障害のある人の家族支援」という場合，精神保健福祉の領域では，主たる疾患は統合失調症で対象は成人した子の「親」や「きょうだい」の支援を意味していることが多かった。近年ではうつ病による休職や離職にも着目され，「配偶者」への支援も展開されてきた。また，アルコール依存症など依存症への支援は，家族が相談機関に結びつくことから始まることも多い。つまり，精神保健福祉の領域では「親」や配偶者などから支援が開始されることが多いため，「精神障害のある人の家族支援」では主に大人を対象としてきた。

また日本では，長い間精神障害のある人に対して精神科病院への隔離収容政策が行われてきた歴史があり，旧優生保護法では強制断種によって子どもをもつ権利が剥奪されていた。しかし，近年になって，精神障害のある保護者の子ども支援についても注目されてきた。精神科病院から地域へと政策の転換が図られたことで，精神障害があってもさまざまな社会資源を活用しながら，地域で暮らし，さらには結婚や出産，そして子育てをすることが可能になってきた。そこで，精神障害のある保護者も適切な医療や福祉サービスを受ければ地域生活が可能であるということを理解し，保育者として関わってほしい。

しかし，保護者に精神障害があり，適切な治療や支援に結びついていない場合，子どもの発達に影響を及ぼす可能性もあり，注意が必要である。子ども支援の専門職である保育者は子どもやその保護者と関わる機会が多いことから，「気になる」子どもや保護者の様子を観察し，状況に応じた介入が求められる。

2）精神障害のある保護者をもつ子どもへの支援の必要性

「児童養護施設入所児童等調査の結果（平成25年2月1日現在）」（厚生労働省，2015）によると，養護問題発生理由別児童数（n=41,770人）のうち，「父もしくは母の精神疾患等」による委託（入所）時の家庭の状況は，5,229人で全体の12.5％を占めている。しかし，この数値は「治療」につながり「診断」されていることが前提となっている。また，あくまでも「精神疾患等」が主た

る理由であり，虐待や父母の死亡のうちとくに自死の背景に潜む「未受診」の精神疾患等は反映されていないことから，数値ではみえない精神障害のある保護者もいることを保育者は認識する必要がある。

精神障害があることが必ずしも虐待等に結びつくというわけではない。しかし，精神障害のある保護者が子どもに及ぼす影響があること，そして適切な支援に結びつくことができていない場合，家庭において保護者が意識していないうちに，子どもの安心・安全が脅かされる可能性があるため，保育者は精神障害について知識を得ておく必要がある。そして，子どもだけではなく家庭を支援するということを意識し，そのために保育者としてできること・すべきことを理解しなければならない。

（2）保育者として精神障害を知る
1）精神疾患（精神障害）とは

精神保健及び精神障害者福祉に関する法律（以下，精神保健福祉法）の第5条で「この法律で『精神障害者』とは，統合失調症，精神作用物質による急性中毒又はその依存症，知的障害，精神病質その他の精神疾患を有する者をいう」と定義されている。そして，障害者基本法や，障害者の日常生活及び社会生活を総合的に支援するための法律（障害者総合支援法）では，知的障害者は精神障害者に含まれないが，発達障害が精神障害者に含まれていて，「精神障害者」とは法律によって対象が変わるため，わかりにくいものになってしまっている[*2]。

ここでは「病気の発症を要因」とする精神病である統合失調症やうつ病や双極性感情障害（躁うつ病），そして各種依存症について支援を考えていく[*3]。病気の発症を要因とする精神疾患は，中途障害のため障害を受け入れにくく病

[*2] 知的障害者福祉法や発達障害者支援法という個別の法律もある。こうした法律や精神障害者の定義のわかりにくさは，法律が整備されてきた社会的な背景が影響している。
知的障害や発達障害は乳幼児期から小児期に発症し，思春期以降に精神疾患を発症し，精神障害を発症することとの違いがある（脳損傷など他の要因により思春期以降に知的機能が低下することもあるが，ここでは精神疾患として扱っていない）。
[*3] 「精神障害のある保護者」とした場合，祖父母が保護者になることがあるが，本稿は想定を父母としているため，認知症については触れていない。

識がもちづらい。また，精神病に関する情報不足や社会的な偏見などから受診に結びつきにくい。こうした，医療へのアクセスを周囲が促すきっかけのひとつとして，保育者が病気を正しく理解したうえで対応していける技術を身に付けることが求められる。

2）統合失調症

発症率はおよそ１％で精神保健福祉の領域では主たる支援のターゲットである。発症年齢は10代半ばから遅くても40代頃である。親になってから発症する可能性もあるため，保育者として知っておく必要のある精神疾患である。

幻聴（悪口など），妄想（訂正できない誤った考え），自我意識障害（自分の考えていることが他者に伝わってしまうなど）などの陽性症状と，活動性が低下する陰性症状がある。陽性症状が激しいとき（急性期）には他者とのトラブルが発生することも多く周囲が気づいて治療に結びつくことも多いが，陰性症状が続くと，本人が意図しないまま養育放棄（ネグレクト）の状況が発生してしまう可能性もある。

3）気分（感情）障害〔うつ病，双極性感情障害（躁うつ病）〕

うつ病は，抑うつ気分，疲れやすさや興味の喪失がみられる。集中力や注意力の低下，自責感や将来に対する過度な不安，自殺念慮もみられる。躁病は，気分の高揚や多弁，過活動，誇大妄想などがみられる。躁による過活動は，家族や友人などを振り回すことが多く，生活を営むうえで大きな影響が生じることがある。うつ病はうつ症状だけが持続するもの，双極性感情障害はうつ症状と躁症状が繰り返しみられるものである。

保育者は，出産後の産褥精神病（産後うつ）にも配慮が必要である。産後うつは症状が急激に現れるため，産婦人科で発見されることも多いが，保育所や幼稚園等としても見守りは必要である。産後うつの予後は良いが，再発しやすいので，第２子以降の出産時に保育者はリスクを意識しておくとよい。

4）依　存　症

私たちが人生で大切にすべきものを犠牲にしてまで，アルコールや薬物，ギャンブルなどさまざまな対象に依存してしまう病気である。依存症は原因を本人の意思の弱さに求められることが多いこと，さらには家族が依存症である本人のことを恥ずかしいと考えて周囲にわからないように生活を「何とか」維持

してしまうため，治療に結びつきにくい。家族で問題を抱え込むことが多い依存症は，子どもに及ぼす影響が大きいため，保育者は依存症が疑われる家族に出会ったときには，専門職に早めに相談をすることが望まれる。依存症の場合，イネーブラー（enabler）といわれる共依存関係[*4]に家族が巻き込まれることが多いため，家族への支援から介入を行うことも多い。

（3）精神障害のある保護者と生活する子どもへのリスクを知る

1）子どもの抱えるリスク

精神障害の特徴のひとつは，病気の症状により障害の状態が固定せず，波があることである。多くの精神障害のある人たちは地域生活を送るために，自分の病状が悪化する前兆などを把握し，早めに受診したり，日頃から活用している福祉サービス事業所に相談に行くなどして対応している。しかし，すべての人がこうした対応を取れるわけではなく，病状を悪化させることもある。また，保護者の病状がいつ悪化するかを子どもたちが予測することはさらに難しい。そのため，そうした環境にある子どもたちは，精神障害のある保護者の病状に振り回され，常に保護者の顔色をうかがったり，過剰に「よい子」を演じてしまい安心する場を家庭に求めることができないことがある。

また，病状の悪化により，保護者が日常生活を営むことが難しくなると，その保護者と一緒に生活をしている子どもたちが育児放棄（ネグレクト）の状態におかれる可能性もある。このような状態は，子どもの安心・安全な生育環境を阻害し，心身の発達にリスクを生じさせる。子どもがある程度成長し，家庭以外に居場所をつくることや外部に発信する手段を得ることができれば，状況が変化する可能性はあるが，乳幼児の世界は狭く「逃げ場所」がないことが多い。そのため，保育者は「気になる」子どもに対して，子どもの状況だけではなく意識的に保護者にも目を向け，家族として支援を心がけるとよい。

2）日常生活

精神障害のある保護者は，病気の状態が良くないときに本人の意思とは関係

[*4]　例えば，アルコール依存症では，依存症者のためにアルコールを家族が購入したり，家庭で暴れた後に家族が部屋を片付けてしまったりするなど，アルコールに問題のある本人がアルコールを飲みやすい環境をつくってしまうことが多くみられる。

なく，日常生活を営むことが難しくなることがある。私たちは，朝起きて就寝するまでに多くのことをしている。例えば，身だしなみを整えたり，食事を取ったり，洗濯をしたり，掃除をしたりする。しかし，こうした日常生活を送る一連の行動が精神障害により阻害される可能性がある。

　身だしなみを整えることができなければ，汚れた服装や不潔といった課題が生じるし，健康に配慮した食事を提供することができなければ，身体の健全な発達が阻害される。精神障害のある保護者が薬の副作用で体が思うように動かないという状況にある場合，「できていない」ことを責められると，保護者は子どもを保育所や幼稚園等に送り出さなくなるかもしれない。私たちも家事などを完璧にこなしているわけではないので，「○○できないといけない」という価値観を時には手放し，できたこと・もっている力を評価し[*5]，不足している部分に支援を提供するように心がけていくとよい。

3）社 会 生 活

　ここで課題とする「社会生活」とは，子どもが健全な人間関係を構築することと社会経験をすることをさしていている。子どもにとって，人間関係を構築することや社会経験の機会を得ることは保護者に委ねられていることが多い。子どもの発達という視点から，社会生活を豊かにすることは必要だが，精神障害がある保護者のなかには他者とコミュニケーションを取ることが苦手な人たちがいる。こうした人たちは，社会との関係を積極的に取ろうとしないため，とても狭い範囲で他者との関係を築くこともある。つまり，親子ともに「関係性の貧困」が生じやすいのである。また，社会経験の不足は子どもの将来の選択肢を少なくする可能性がある。

　保護者の体調が悪く自宅にひきこもりがちになっていたり，新しい環境に適応したり，友人関係がつくれない場合に子どもの社会関係の構築に影響が生じる可能性がある。とくに家族の間で関係が閉じてしまっていて，外部との接触が極端に少ない場合があり，そうした閉じられた関係のなかでは虐待などのリスクに気づく可能性が低くなることからも注意が必要である。また，保護者の体調がすぐれない場合，子どもを保育所や幼稚園等に送り出すということがで

＊5　例えば，子どもを保育所や幼稚園等に送り出せたということを「できたこと」として評価することで保護者は気持ちが楽になるのである。

きなくなることで，子どもは社会経験を得る機会に制限されることになるので，保育者の声かけや見守りだけでも十分な支援になる。

4）ヤング・ケアラーとしての負担

ヤング・ケアラーとは「家族にケアを要する人がいる場合に，大人が担うようなケア責任を引き受け，家事や家族の世話，介護，感情面のサポートなどを行っている，18歳未満の子どものこと」[6]である。保護者の精神状態が不安定な場合，子どもが保護者の精神的な支えになることも多い。また，保護者の代わりに，家事を担ったり，年下のきょうだいのケアも負担したりすることがある。保護者に希死念慮（自殺願望）がある場合，心配した子どもが家から出られなくなることもあり，子どもの社会生活が制限されることがある。ヤング・ケアラーとして生きることで，子どもが同世代の友人と遊ぶことが制限されるなどの問題が生じてしまう。

子どもは生活の経験が少ないため，自分の状況を客観視することができない。そのため，保護者のさまざまな役割を恒常的に担うことは子どもの役割ではないということを自覚しないまま，ヤング・ケアラーとして成長していくことが多い。しかし，ヤング・ケアラーが日常生活を維持していることや，聞き分けのよい子どもとして周囲から評価されることもあるため，問題が表面化しにくいことも多い。このような暮らしを強いられる子どもたちは，精神障害のある保護者との共依存関係になることも多いことから，相互が適切な距離を取れるように子どもがヤング・ケアラーとしての役割を離れることが可能になる時間を保育者として意図的につくっていくとよい。

2. 保育者として精神障害のある保護者と子どもへの支援を考える

（1）精神障害のある保護者への支援

精神病を発症した人の多くは治療を続けながら，地域で生き生きと生活している。すでに保護者が支援に結びついている場合は，精神保健福祉の専門職のサポートが構築されているため，保育者は日頃の様子を観察し，気になること

＊6　一般社団法人　日本ケアラー連盟「ヤングケアラープロジェクト」HPより。https://youngcarerpj.jimdofree.com/

があったときに関係機関に連絡を取れるようにしておくという予防的な関わりで十分である。

しかし，必要な支援に結びついていない場合や，さまざまな理由により支援を積極的に受けることが不可能な保護者については，保育者も積極的な介入が求められる。保育者は子どもと一緒にいる時間が長いことから，子どもの様子から保護者の状態に気づくことがあるかもしれない。その場合も「精神疾患である」と断定するのではなく，「気になる子ども」「気になる保護者」ということで保育所や幼稚園等のなかで情報を可能な限り共有して，園全体で見守りをしていくこと，そして必要な場合に精神保健福祉の専門職と連携していくことが大切である。

一方で，家庭内に深刻な暴力など子どもへの虐待やDVなどのおそれがある場合は，危機介入が必要になることから，児童相談所をはじめとした専門機関に連絡をしていく必要がある。

精神障害のある保護者と関わる際は，保育所や幼稚園等全体で状況を共有し，複数の保育者で対応していくことが重要である。また，日頃から行政機関（保健所等）など精神保健福祉の専門職と連携を取ることができるようにしておくとよい。

（2）精神障害のある保護者をもつ子どもへの支援

精神障害のある保護者をもつ子どもが，自らを客観視することは難しい。子どもは社会経験が少ないことから，一般的な生活と自分の生活を比較することが難しいためである。とくに乳幼児の場合は自分からSOSを発信することは不可能であろう。子どもが成長し，社会経験を積むなかで過去を振り返ったときに初めて「あの時の経験はどうだったのだろうか」と思えるのである。

ヤング・ケアラーの節でも述べているが，精神障害のある保護者に育てられている子どもは，早い時期から自立を求められることから「よい子」でいることがある。保育者として子どもと関わっていると，問題行動が気になる子どもに目が向くことが多いが，ぜひ，目立たない子どもや大人びた行動を取る子どもにも目を向けてほしい。そして，性格としておとなしい子や大人びている子なのか，それとも育ちのなかで「よい子でいることを求められている」のかと

いうアセスメントが必要になる。

　子どもへの支援でもうひとつ重要なのは，保護者の病気について子ども自身にどこまで伝えるかという判断である。多くの精神障害のある保護者の子どもたちは，病気の説明を受けることなく成人している。小学校に入学する前の子どもに保護者の病気を詳しく説明し，理解してもらうことは難しいかもしれないが，少なくとも病気が原因で現在の状況が生じていること，子ども自身は何も悪くないこと，困ったときのSOSの出し方を伝えてほしい。

（3）「家族」というシステムへの支援

　乳幼児に関わる保育者は，子どもだけではなく家族全体を視野に入れた支援を実践しているだろう。しかし，精神障害のある保護者とその子どもへの支援ではより家族全体を意識した支援が必要である。これまでも繰り返し述べてきているが，乳幼児期の子どもの社会は，家族を通して展開されるため，保護者の状況に大きく影響される。精神障害のある保護者が家族にいる場合，その家族が可能な限り健全に機能するような介入が必要なのである。そのためには，保育所や幼稚園等だけで取り組むのではなく，精神保健福祉の専門職の介入が望まれる。

　家族への支援では，家族が共依存関係に陥っている可能性を忘れてはいけない。共依存の関係はいびつな形を取りながら「何とかやってきた」という状況が生まれる。支援者は「何とかやってきた」という状況を評価することを忘れてはならないが，共依存の関係は将来的には破綻する可能性もあるので，精神保健福祉の専門職に相談することが求められる。

　また，家族というシステムへの支援を行うとき，生活場面（自宅）における支援が有効である。その理由のひとつは，精神障害のある保護者が相談窓口などに来られないということもあるが，最も重要な理由は，暮らし（生活）の場を見ることで得られる情報が多いことにある。何の問題もないように思える精神障害のある人の自宅を訪問して，日頃の様子とのギャップに驚くことは精神保健福祉の領域ではよくあることである。また，近年精神保健福祉の領域では，精神保健福祉士が訪問（アウトリーチ）を行い，支援していくことが一般的になってきている。保育所や幼稚園等の保育者がアウトリーチを積極的に行

うことは難しいかもしれないが，家族として支援を考えるときは，アウトリーチが可能な支援者を見つけ，連携していくことができるとよい。

3．社会で支えるシステムづくり―保育者としてできること

　現在は法律が整備されてきており，精神障害のある人たちも以前と比べると福祉の支援を受ける機会が増えてきている。しかし，精神障害は見えにくく，また中途障害であることから，支援に結びつきにくい。また，そもそも精神障害について社会的な理解が低く，社会や家族，そして本人の精神障害に対する差別があり，治療や福祉サービスに結びつかないことがある。こうした状況に，日頃から触れ合う機会の多い保育者が意識を向け，さりげない声かけをしていくことが重要である。こうした社会で精神障害を理解し，受け入れていく社会をつくる役割のひとつを子ども支援の立場から保育者は担っている。

　ある園長が「子ども支援は親支援である」とおっしゃっていた。保護者といる時間が長い子どもにとって，保護者が及ぼす影響はとても大きいこと，そして子どものためにまずは「子育てができる親に育てる支援」をすることが専門職として重要であることを教えられた。精神障害がある，ないにかかわらず「保護者を支援する」という意識をもって保育者が「家族」を丸ごと支援するという意識をもてるとよいと考える。精神障害のある保護者への支援というのは，保育という子どもへの支援に似ていると考えている。精神障害のある保護者は，子どもに未発達な部分があるように，障害のない保護者に比べて苦手な部分での支援を必要とすることがある。その苦手（未発達）な部分を「気にかける」姿勢をもつこと，そして彼らのできている力に着目し，できる力を伸ばす―彼らの能力を奪わない，手を出し過ぎない―支援を心がけてほしい。

【参考文献】

・蔭山正子『メンタルヘルス不調のある親への育児支援―保健福祉専門職の支援技術と当事者・家族の語りに学ぶ』明石書店，2018
・西井重超『精神疾患にかかわる人が最初に読む本』照林社，2018
・横山恵子・蔭山正子編著『精神障がいのある親に育てられた子どもの語り―困難の理解とリカバリーへの支援』明石書店，2017

第14章 世界の子育て支援から学ぶこと

子育てを保障する基本条件を考える

1. わが国の子育てをめぐる諸相

（1）今，何が起きているのか

　いつの頃からか，「ワンオペ育児」という言葉が聞かれるようになった。「ワンオペ」とは，交代勤務の仕事で，人手が少ない時間帯に1人で勤務する体制を「one operation（和製英語）」と呼んだことに由来する。ワンオペ育児とは，そのような「ワンオペ」をもじって，休日のない24時間勤務の状態にある育児を，交代してくれる人が誰もいないシフトでたった1人で担っている母親たちが，自らの子育てを呼んだ言葉である。驚くべきことに，ワンオペ育児に陥っている母親は，けっしてひとり親家庭の母親というわけではない。専業主婦家庭や共働き家庭の母親でさえも，家事・育児については「ワンオペ」であることが珍しくないのだ。なぜこのような事態になっているのだろうか。

　6歳未満の子どもをもつ父親・母親の家事・育児時間を国際比較した調査によれば，わが国の父親は，諸外国の父親に比べ，家事・育児を担う時間が圧倒的に少ないことがわかる（p.14参照）。父親の育児時間が少ない国は他にもあるが，母親の代わりに家事を多く担うことで，すべての家事・育児が母親だけの負担になっていない。だが，わが国では父親の家事時間も少ないために，母親の家事・育児時間がきわめて長くなってしまっている。30歳代から40歳代の子育て期にある男性の労働時間が長いために，結果として父親から家事・育児を担う機会が奪われているのだ。

（2）子育てを担うのは誰か

　現在でも，子育ては主に母親が担うことが当たり前という暗黙の了解があ

る。あるいは，女性は男性に比べて子育てに向いていると考える人もいる。実際に，父親に子どもの世話を頼んだところ，予想外の失敗をしたという母親たちの嘆きや愚痴はいたるところにあふれている。しかし，多くの母親も，生まれつき子育ての能力が高かったわけではない。家事・育児時間の男女比が大きいために，母親の子育てスキルが上がる一方，父親の子育てスキルは母親に追いつかないのだろう。共働き家庭においても，父親が長時間勤務を続ける一方で，就労時間や勤務条件を調整して育児時間を捻出するのは，専ら母親である場合が多い。子育ては，主に母親が担うべきなのだろうか。

　今からおよそ40年前の1979年，国連は「女子に対するあらゆる形態の差別の撤廃に関する条約（女性差別撤廃条約）」を採択した。出産や子育て，家族の看護・介護を理由として，女性の採用や昇級，社会参加に不利益が生じていたからである。これを受けて，1981年には国際労働機関（ILO）も「家族的責任を有する男女労働者の機会及び待遇の均等に関する条約（家族的責任を有する労働者条約）」を採択した。女性だけではなく，男性も育児や介護などの家族的責任と職業的責任を両立し得るよう，各国が対策をとることを求めたものだ。わが国も，男女雇用機会均等法（1985年施行）をはじめ，国内法の整備を経て，両条約ともに批准している（前者は1985年，後者は1995年批准）。その後も男女共同参画の推進が取り組まれ，今日に至っている。

　法律のうえでは，雇用や昇級の男女差別は撤廃され，出産・育児や介護を理由とした不当な扱いは禁止されている。しかし，子育てや介護という家族的責任を，誰がどのように担うべきなのか，何が平等な分担のあり方なのかという国民的な議論が行われないまま今日まで来ており[*1]，多くの母親たちが個々の選択の結果として共通の困難を抱えている。

（3）何をどのように支援するか

　ところで子育て支援とは「誰の，何を，どのように」支援することなのだろうか。家族社会学者の下 夷 美幸は，子育て支援とは家族が子育てを行うための経済的費用，ケアサービス，時間を公的に支援・保障していくことだとし，

---

*1　もちろん同様の傾向は諸外国にもみられ，キャロル・ギリガンやエヴァ・キティなどがケアの分担のあり方を研究している。

「どのように」にあたる具体的手法を，それぞれ児童手当，保育政策，育児休業*2だと説明している[1]。筆者は，これを「子育てをする保護者の所得，時間，社会参加を保障すること」だととらえ直したい（図14-1）。現在のわが国には，社会手当，育児休業，保育サービスなどの制度が既に存在している。それにもかかわらず，多くの母親が子育てに悩み，子ども虐待問題が絶えず，少子化の進行にも歯止めがかからない。なぜ子育てしやすい国にならないのだろうか。

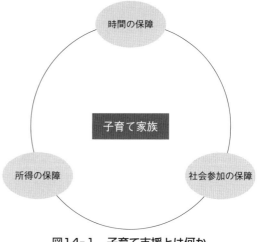

図14-1　子育て支援とは何か

そこで，諸外国の子育て支援事情を参照し，取り入れるべきことや参考にすべきことを考えてみよう。

2．世界の子育て支援

（1）子どもの教育機会を保障する―イギリスの取組み

イギリスは「ゆりかごから墓場まで」*3というフレーズに象徴される福祉国家である。第二次世界大戦後，医療費無償化など手厚い福祉政策を整備し，北欧と並ぶ福祉先進国となった。しかし，福祉の充実は多額の財政赤字を生み，1970年代以降の経済不況下で貧困を自己責任とするサッチャー政権が誕生し，大きな政策転換が行われた。子育て支援についても，家族内のことに国家が口を挟むことを望まない国民性や，母親による家庭保育をよいものとする価値観によって，ほとんど政策が取られなかった。ところが，この新自由主義的な福

---

*2　育児・介護休業法により取得が定められた休業。
*3　1942年のベヴァリッジ報告を受けて，第二次世界大戦後の福祉国家政策を推進する際に労働党が用いたスローガン。

祉抑制政策によって，国民の経済格差，教育格差，貧困の固定化が生じてしまった。また離婚によるひとり親家庭も増加し，保育ニーズも高まっていった。そのような社会背景の下，1997年に政権を取った労働党のブレア政権は，再び大きな政策転換を行うこととなった。

　ブレア政権は，貧困家庭が福祉に依存して生活をするより，就労によって自立できるよう支援することをめざした。また貧困の固定化を防止するため，貧困家庭に生まれた子どもにも，貧困から脱出できるよう，教育の機会を保障しようとした。このように「福祉から就労へ（welfare to work）」をスローガンとした新しい政策において，最重要課題となったのが教育である。ここでいう教育には2つの意味がある。ひとつは，これから大人になり，社会に出て行く子どもたちへの教育である。もうひとつは，学校を卒業あるいは中退したものの労働市場に参入できなかった若者や，失業している大人のための再教育である。再教育を受ける大人のなかには，幼い子どもを育てている人もおり，職業訓練プログラムの提供とともに，彼らの保育ニーズを満たす必要があった。

　子どもの教育についても，人生の基礎を，生まれた家の経済状況や家庭環境に左右されずに，保育の段階から築くことをめざす「シュア・スタート（Sure Start）」が1999年から始まった。シュア・スタートは，その名のとおり「確かな始まり」をすべての子どもに保障することを目的とした保育政策である。早い時期からの保育・教育・児童福祉・保健・家庭支援を統合し，親の就労支援を含む保育・教育プログラムを，全国に設置されたチルドレンズ・センター（Sure Start Children's Centre）を中心に提供している。就労支援と保育の一体化はわが国ではみられないが，家庭の経済状況が向上することは，子どもの福祉の向上に直結する。そのため，親の就労の安定なしに，子どもの福祉や教育を考えることはできないという考えに基づいたものである。

（2）完璧な親なんていない─カナダの取組み

　北米大陸の大国カナダは，移民によって成立した多民族国家である。開拓時代のカナダは，厳しい気候風土のなかで，異なる民族同士でも協力し合わなければ生活できなかった。そのため，自立心と助け合いの精神が国民性になったといわれ，現在では多文化主義を国策として掲げた，移民を大切にする国であ

る。子育てについても助け合いが必要と考えられており，とくに慣れない言葉や文化のなかで子育てをする移民には，さまざまなサポートが行われている。困っているときには助けを求めることを推奨すると同時に，市民一人ひとりも自分にできることは喜んで手助けを行うボランティア精神が培われている。

カナダの子育て支援は，子どもが育つ場である家庭が問題を抱えないよう，予防的に家族を支えることに力を入れている。そのためにつくられたのがファミリー・リソース・センター（Family Resource Centre：FRC）であり，そこで行われるファミリー・リソース・プログラム（Family Resource Programs：FRP）である。リソースとは資源を意味するが，子育て家庭が必要としている情報，助言，相談相手，何かのときに頼れる人，手段や物などの資源を，FRPが提供している。

その中心となるプログラムがドロップイン・プログラムである。ドロップインとは「立ち寄る」ことを意味しており，その名のとおり，親子がいつでもふらっと立ち寄ることのできるひろばが提供されている。親子が安心して出かけられ，遊びや子育てに必要な情報・助言を得ることのできる場でもある。

興味深いことに，FRCやFRPはカナダ政府主導の子育て支援政策ではなく，子育て支援の必要性を感じていた地域の人々による自発的な活動として1970年代に開始されており，州政府の補助金によって運営されている。1975年には全国のFRCを組織する非営利団体（NPO）である全国ファミリー・リソース・プログラム協会が結成されはしたが，全国各地に存在するセンターの名称や活動内容は多様であった。そこで2000年代に入り，家族支援の共通原則と指針がまとめられた。原則では「すべての家族は支援に値する」という認識に立ち，プログラムがすべての家族に開かれていることを明記している。特別な困難を抱えた家族のみが利用できるサービスではなく，すべての子育て家族が相互に助け合い，学び合うことのできるプログラムとなっている。

また，カナダには「Nobody's Perfect」という「完璧な人はいない」と名づけられた親支援プログラムがある。1980年代に保健省が中心になって作成し，カナダ全州で展開しているのみならず，わが国にも導入されている。「Nobody's Perfect」が対象としているのは，乳幼児を育てている若い親，ひとり親，経済的に困窮している親，孤立している親など，子育てに何らかの困難を抱えて

いると思われる親たちが，彼らが子どもの発達や行動を理解して，子育てに自信がもてるようにすることを目的としている。その支援の根底には，すべての親は子どもの健康と幸せを願い，よりよい親になりたいと思っている人であるという親への信頼があり，彼らは子育ての情報と支援を必要としているという認識がある。生まれながらに完璧な人，親として完成している人はおらず，支援を得て，お互いに助け合いながら，親として成長していくものである。だから助けを求めることはけっして子育ての失敗などではなく，当たり前のことなのだ，というメッセージのこめられたプログラムなのである。

（3）妊娠から子育てまで家族全体をサポートする―フィンランドの取組み

　福祉先進国として知られる北欧諸国のひとつであるフィンランドは，男女平等の度合いが高いことでも世界的に高く評価されている。近年わが国でもたびたび紹介され，民間サービスとして導入され始めた子育て支援のひとつに，「育児パッケージ」がある。出産を控えた母親に社会保険庁から，出生後1年弱の間に赤ちゃんが必要とするベビーケア用品やベビー服，親が使用するアイテムなどおよそ60品目が入ったギフトボックスが手当のひとつとして贈られ，箱は簡易ベビーベッドとしても使用できる。この手当は，170ユーロの現金支給か育児パッケージかのいずれかを選択することができるが，第1子を迎える家庭の多くは育児パッケージを選択するという。わが国でも人気の高い北欧デザインのベビー服は男女兼用で，生まれてくるすべての子どもを平等に祝福するというメッセージがこめられている。

　しかし，最も特筆すべきフィンランドの子育て支援は，世界的にも高い評価を受けている母子保健システム「ネウボラ」であろう。妊娠期から子育て期までを同じ保健師（ネウボラナース）が継続して支援することを特徴としている。ネウボラとは，フィンランド語で「アドバイスの場所」を意味している。1920年代に小児医療の専門家が始めた保健サービスをルーツにもち，1950年頃までにはすべての自治体に設置が義務化された。

　フィンランドの妊娠届け，出産，乳幼児健診のあり方は，この制度の下でわが国とは大きく異なる。わが国では，妊娠に気づいたら産婦人科を受診し，医療機関または助産院で出産する。乳幼児健診は保健所や医療機関で受けること

156 第14章 世界の子育て支援から学ぶこと

になる。フィンランドでは，妊娠がわかると夫（婚姻関係にないパートナーも含む）とともにネウボラをたずね，保健師の診察を定期的に受ける。ネウボラの保健師は内診や超音波検査を実施することもでき，初めての子どもを授かったカップルには両親学級も実施する。とくに初回の面談では，家族関係や出産後の子育て資源，妊娠に対する思いを時間をかけてていねいに聞きとる。出産は医療機関で行われるが，分娩時の必要な情報はネウボラ保健師と共有され，出産前と出産後まもなく，少なくとも1回ずつ保健師による家庭訪問がある。乳幼児の健診は小児科医も行うが，必ず保健師が同席し，そのほかにも保健師による面談が定期的にある。健診でネウボラの保健師が見ているのは乳幼児の健康と発達，母親の健康だけではなく，両親の関係や親子関係，子育ての状況，世帯の経済状況など，家族の生活全般を気にかけ，必要な情報提供や助言を行っている。このとき，保健師が専門家として家族に一方的に助言を与えるだけでは，家族は心を許して本当に気がかりなことを話せない。そのため，家族との対話を大事にしながら，心配事を気兼ねなく相談できる関係づくりに努めている。

　このように，ネウボラは妊娠期から就学前までの子どもと，その両親，家族全体を，継続的にサポートする機関であり，ほぼすべての家族がネウボラとつながっている。

（4）女性の社会進出と家族の多様性を保障する—フランスの取組み

　フランスは，ドイツと並びヨーロッパ連合（EU）の中核を成す経済大国であり，先進諸国のなかでは合計特殊出生率が比較的高い国でもある（図14-2）。出生率回復の背景には，女性の高い就労率や手厚い社会手当の支給に加え，家族の多様性を保障するフランス政府の姿勢があるといわれている。例えば，フランスでは子育て中のカップルでも結婚していないことが珍しくない[4]。養子縁組や子どもをもつ者同士の再婚も多く，2013年には同性婚も正式に認められるようになった。「家族とはこのようなかたちであるべき」という固定的な考えが，国民にも政府にも薄いといえよう。

---

[4] ただし，婚姻の代わりに連帯市民協約（PACS）という制度があり，届出をしていることが多い。

2. 世界の子育て支援

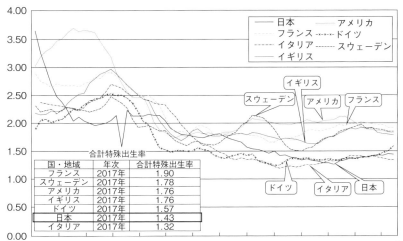

図14-2 合計特殊出生率推移の国際比較
(内閣府:『令和元年版少子化社会対策白書』, 2019)

　フランスの家族政策の根幹を成す家族給付制度には多くの種類があり，それぞれに支給要件や所得制限がある（表14-1）。例えば，乳幼児受入手当は第1子から受け取ることができるが，家族手当は第2子以上をもった場合に支給される。また乳幼児受入手当は所得制限を超えていても，自由選択補足手当を受けることができる。自由選択補足手当は，自ら保育をする母親がどの程度仕事を離れるかを選択できる就労自由選択補償と，どのような保育サービスを利用するか選択できる保育方法自由選択補償とで構成されている。育児休業を取る場合は，完全に仕事を離れるのか，勤務時間を短縮するのか，保育サービスの利用には保育施設か保育ママかという選択オプションが用意されており，子どもの数や就業形態や収入によって，家族給付制度が細かく設定されている。このような選択肢の豊富さは，女性が就労と出産・子育てを両立できるようにし，出生率回復の鍵となる第3子の出産を促進する効果をもっている。
　一方，子育て支援については，「親子の受入れの場（LAEP）」と呼ばれる施

158 第14章 世界の子育て支援から学ぶこと

表14-1 フランスの家族給付

子の養育で発生する費用の負担を軽減し，生活を維持する手当	①家族手当	20歳までの第2子以降に支給。所得制限なし
	②家族補足手当	第3子から支給。所得制限あり。低所得多子世帯への所得保障
	③新学期手当	就学費用の補助。所得制限あり
子どもの誕生・養子としての受入れや保育にかかる費用の補助	④乳幼児受入手当	子どもの誕生や養子の受入れで第1子から支給。所得制限と選択制度あり
単身家族援助	⑤ひとり親手当	両親のいずれかから養育援助がない子どもに支給
	⑥孤児養育を対象とする家族支援手当	両親とも失った子に対する補償
特定の目的をもった給付	⑦特別養育手当	障がいのある子どもの教育のために支給
	⑧親付添手当	親が看護休暇を取得した際の所得保障
	⑨住宅補助手当	住宅費用の補助

（水野，2012の分類を基に作成）

設がある。LAEPは，1970年代に親子の心理支援を中心とした民間の活動から始まった。6歳未満の乳幼児の社会化に適した場所で，子どもとその親，または同伴責任者が利用できる。フランスでは3～6歳の子どものほとんどはエコールマテルネルと呼ばれる幼児学校に通っており[5]，LAEPには乳児や放課後の幼児を連れた母親，預かっている子どもを連れた保育ママが訪れる。家庭で保育を受けている子ども同士の出会い，親同士の交流などのほか，移民への生活援助，子育て支援に関わる専門職への支援など，多様な支援が行われている。

---

[5] エコールマテルネルには2歳から入学できる。とくに移民や低所得階層の子どもは，教育的・文化的環境に早く入ることで，その後の学習のつまずきを予防できるとして，2歳からの入学が奨励されている。

３．世界の子育て支援から学ぶこと

（１）わが国の子育て支援との類似性と相違性

　各国の子育て支援には，すでにわが国でも類似の制度やサービスが行われているものもあった。一方で，一見似てはいても，その根底にある考え方が異なるものもあった。

　例えば，カナダのドロップイン・プログラムやフランスのLAEPには，わが国の子育て支援拠点，いわゆるひろば事業との共通性がみられる。いずれも乳幼児を連れた親が気軽に立ち寄ることができ，親子同士の交流を図るとともに，子どもの発達や子育てに関する不安をスタッフに相談できる施設である。だが，わが国には多文化社会を前提とした子育て支援という視点が欠けている。実際にはわが国にも外国籍の親子が多数生活しており，地域によっては保育所や小学校などに通う子どもの半数近くを占めることもある。そのため，各学校やひろばで個別には対応がとられているものの，制度として外国語対応や日本語教育プログラムを導入するには至っていない。これは，わが国のひろば事業があくまでも子育てに限定した支援の場であるとの考えの表れであろう。一方ドロップイン・プログラムでは，子育て家庭が必要とする情報や助言は必ずしも子育てには限定されないとの認識に立ち，就労支援や移民支援も意識されている。

　イギリスのシュア・スタートのように，幼児期の教育を重視する姿勢は，わが国で段階的に導入が検討されている幼児教育無償化にもみることができる。だが，シュア・スタートが主に貧困家庭の子どもたちの社会的不利を克服することを目的としているのに対して，わが国の幼児教育無償化は低所得層への恩恵が薄いことが懸念されている。教育費用の高さが出生率にも影響を与えているわが国で，幼児教育から高等教育までの無償化はけっして意味のないことではない。しかし，子どもの貧困を解消し，子ども期の多様な機会保障に寄与する政策となっているかどうかの検証が必要である。

　母子保健施策についても，子ども虐待予防の観点から，妊娠期から子育て期までを切れ目なく支援することの重要性が認識され，2017（平成29）年４月より子育て世代包括支援センター（p.94参照）が市町村に設置された。原則と

160　第14章　世界の子育て支援から学ぶこと

してすべての妊産婦ととくに３歳までの幼児期の親子を対象として，母子保健と子育て支援の一体化が図られた。子育て世代包括支援センターはフィンランドのネウボラをモデルとしているため，日本版ネウボラと呼ばれることもある。だが，フィンランドのネウボラがひとつの組織で完結し，同じ担当保健師が継続的に支援することを大事にしているのに対し，子育て世代包括支援センターは既存の母子保健と子育て支援の諸事業をつなげた組織体であり，どのような組織体として運用するかは各自治体に任されている。そのため，情報共有は図られても，支援内容によって提供場所も担当者も異なる状態は変わらず，ワンストップサービスの実施には至っていない。また，あくまでも母子に主眼がおかれ，家族全員を対象として，生活全体をサポートするというネウボラの視点が欠けている。

　さらに，わが国にも児童手当や児童扶養手当，特別児童扶養手当などの社会手当制度が整備されているものの，支給条件の厳しさや支給額の低さから所得補完機能を十分に果たしているとはいえず，フランスのように出産奨励たり得ていない。育児休業についても，里子や養子の迎え入れに対応していないという制度上の不備があるばかりか，父親の取得はいまだ低水準である。ひとり親家庭等への支援がまったく存在しないというわけではないが，基本的には婚姻関係にある父母の実子養育を支援するというモデルから脱却できていないのが現状である。

（２）子育ての何を保障するのか

　さて，あらためて，子育て支援とは「誰の，何を，どのように」保障することなのだろうか。筆者ははじめに「子育てをする保護者の所得，時間，社会参加を保障すること」と述べた。私たちは世界の子育て支援から何を学ぶべきだろうか。

　「福祉から就労へ（welfare to work）」という政策転換は福祉国家に共通する課題である。就労支援と保育の一体化というイギリスの取組みは，保育政策が労働政策と分かちがたく結びついているという本質をとらえている。だが，

＊６　日本の社会保障制度は家族によるケアを前提に制度化されており，専業主婦になることにインセンティブが働く所得控除が存在する。

3. 世界の子育て支援から学ぶこと　*161*

わが国の場合，家族の扶養義務を強調することで公的扶助の受給を抑制し，また家族による無償のケアを当然視することで，とくに女性の就労を制限してきた[*6]ことを忘れてはならない。いわば「安上がりの社会保障」が成立する状況で，就労と子育ての両立支援だけではすべての子育て家庭のニーズになり得ないのである。そこで，就労を含む女性の社会参加の保障という視点が重要であろう。つまり，子どもをもつかもたないかということが，女性の社会参加を左右しない社会の実現が必要だ。

　一方，所得や時間の保障についても，わが国の諸制度は出生率の回復につながるような出産インセンティブになり得ていない。とくにひとり親家庭に対しては負のサンクションが働く制度であることも指摘されており，婚姻関係にある両親と実子から成る家族をモデルとした制度設計の弊害といえる。合計特殊出生率を回復している諸外国は，婚姻によらないカップルの出生力が鍵となっているが，その根底には非嫡出子を差別しない法制度がある。わが国に最も欠けているのは，両親の婚姻や親子の血縁関係，保護者の就労状況など家庭の経済力に左右されない子どもの権利という視点であろう。

　したがって，単純に諸外国の優れた制度やサービスを導入するだけでは効果的な子育て支援にはならない。女性の社会参加と子どもの権利をどのように保障するのかという国民的な合意が必要とされている。

【引用・参考文献】

1）下夷美幸「『子育て支援』の現状と論理」『親と子──交錯するライフコース』（藤崎宏子編）ミネルヴァ書房，2000
・須貝優子「イギリスにおける子育て支援政策──保育サービスの現状」社学研論集，14，2009，317-325
・伊志嶺美津子「カナダの家族支援と『ノーバディズ・パーフェクト』」季刊保育問題研究，216，2005，32-40
・福川須美「カナダの子育て家庭支援──ファミリー・リソース・プログラム協会の動向から」生活協同組合研究，328，2003，5-10
・高橋睦子「フィンランドの子育て家族支援『ネウボラ』の展開：日本への示唆」外来小児科，21，2018，45-50

162 第14章 世界の子育て支援から学ぶこと

・横山美江「フィンランドのネウボラと日本の子育て世代包括支援センター」地域
　ケアリング，20（9），2018，43-47
・木下裕美子「フランスの子育て支援事情」生活協同組合研究，458，2014，28-35
・星三和子「フランスの子育て支援の発達と現状─日本の子育て支援を考える上で
　の考察」名古屋芸術大学研究紀要，34，2013，279-294
・水野圭子「フランスにおける子育て支援」労働法律旬報，1761，2012，32-38
・浜口順子『子どもと地域と社会をつなぐ家庭支援論』福村出版，2015
・湯澤直美「ひとり親世帯をめぐる分断の諸相」『親密性の福祉社会学─ケアが織り
　なす関係』（庄司洋子編）東京大学出版会，2013

第15章 子ども家庭支援と保育者の専門性

―問われる実践の力量とは何かを考える―

1. 保育者の専門性

（1）保育士資格の法定化

　2003（平成15）年11月の児童福祉法一部改正により，保育士資格の法定化がなされた。児童福祉法第18条の4では「この法律で，保育士とは，第18条の18第1項の登録を受け，保育士の名称を用いて，専門的知識及び技術をもつて，児童の保育及び児童の保護者に対する保育に関する指導を行うことを業とする者をいう」と定義していることは既に第9章で述べた。保育士資格の登録制度の導入（第18条の18第1項）と無資格者が「保育士」を名乗ることを禁止（第18条の23）して保育士資格の名称独占化を図った。さらに，保育士の業務として，子育ての基盤となる家庭の機能が低下していることから，「保護者への保育に関する指導」が新たに追加された（第18条の4）。義務規定には，①信用失墜行為の禁止（第18条の21），②守秘義務（第18条の22），また，その守秘義務の違反者は③資格取消または名称使用の禁止（第18条の19第2項）並びに1年以下の懲役または30万円以下の罰金（第60条の2）と規定し，加えて，知識・技能の修得について「保育所に勤務する保育士は，乳幼児に関する助言を行うための知識及び技能の修得，維持及び向上に努めなければならない」（第48条の2第2項）と明記した。

（2）2つの専門性

　保育者とは，保育士資格や幼稚園教諭免許をもつ者を本書ではさすが，資格をもつだけで専門性が高いとはいえない。保育者の専門性には大きくは2点があり，そのひとつは保育の実際そのものである。子どもの少しの変化や異変に

もいち早く気づくことができ，子どもに細かい配慮や援助ができるようになるためには，経験の積み重ねと子どもたちの全面的な発達を促す保育への情熱と努力・研修が必要となる。ふたつ目は，その専門性を生かしながら，保護者の相談援助を行うことがあげられる。その点で，本書序章に記述のあるケアワーカーとソーシャルワーカーとしての保育者の専門性が求められてくるのである。専門性をどのように生かし，発揮していくかが問われるところである。

　保育者は常に，子どもの権利条約に照らし，子どもの「生きる権利」「育つ権利」「守られる権利」「意見表明権」を保育の土台と位置づけて実践していくことを念頭におきたい。保護者に対しては，人権意識をもち相談支援者を尊重し，その立場に立って傾聴する姿勢で臨み，最終的な判断は相談者自身であることを心にとめて対応することが求められる。

２．保育と子ども家庭支援

（１）子どもと保護者支援

　保育者が保護者支援に取り組むのは，そのことが法定化され義務付けられたからではない。子どもたちの健康と心身の成長・発達を促す保育にやりがいを感じて勤しむ保育者たちにとって，家庭・保護者との緊密な連携は欠かせないからである。

　子どもの保育は，その子どもの人格形成の土台となることは，これまでの保育の歴史のなかで論議され立証されている。さらに，その後の子どもの人生に大きな影響を与えることも検証されて，「どのような保育を受けるか」は，子どもにとって大変重要なのである。同時にその子どもの家庭が子どもを育てる機能を豊かにもっているか，子育ての意識がどうかもその子どもにとっては，はかりしれないほど重要である。保護者と保育者との信頼関係に満ちた「共育て」により，子育ての相談相手を得た保護者は心強く感じて子育てが楽しくなる。そのような家庭で育つ子どもは，「しあわせ感」をもちながら年齢を重ねていくであろう。保育者の支援が，「受容的」で「共に考える」姿勢で行われるとき，保護者は自ら問題解決に目を向け，子どもと向き合う意欲をもつ。子どもの「幸せに生きる権利」，「育つ権利」はこのような過程を通して保障されていくと考えられる。

（2）子どもの育つ家庭の把握

　「子どもの家庭・保護者をどうとらえるか」によって保護者支援は始まる。子どもの育つ家庭は多様である。夫婦がそろって子育てをする家庭，三世代が暮らす家庭，ひとり親家庭，外国籍の家庭などさまざまである。結婚の形態も結婚に対する考え方にも多様性があり，さまざまな家族が存在する。多様な考え（思想・宗教など），多様な職業（職業形態も多様）に就く家庭の集まりが，保育所や幼稚園等であるといえるだろう。家庭内に相談できる家族の存在の有無や子育てに対する不安や悩みを抱えているか否か，その他健康上の問題の有無など，保護者が打ち明けて話してくれる関係ができると，子どもの保育は効果的に進む。実態把握は，保護者と一緒に子どもを健全に育成していくための基礎であり，すべての子どもに「発達する権利」が保障される保育の出発点として子どもの育つ環境をリアルにとらえることが大切である。

１）聴く，そして保護者のねがいを理解する

　入園面談のとき，保護者は，初めて出会う保育所や幼稚園等がどのような保育観・子ども観をもち，それを具体化する保育について知りたいと願う。その対応から熱心さを感じて共感できたとき，子どもをこの保育者に託そうと思える。保育者は，子どもの生育歴，睡眠（起床時間や就寝時間，午睡時間），食事時間や食事内容および食べ方，排泄の間隔や量，好きな遊びなど子どもの一日の生活リズムや健康状態など細部に至るまで聞き取って，最大限子どもの現状把握に努める。保護者は不安感を払拭し，保育者は保護者の子どもへの思いや期待を聞き取って，一緒に子どもを育てていく決意を固める。何事も相談し合って子育てをしていく意思疎通が両者に生まれると，子どもも保護者も保育所等での生活を順調に滑り出すことができる。保護者が保育所等（保育者）に信頼感がもてるか否か，その第一歩となる入園時の面談は，保育の入り口であり，子ども理解の糸口となる。

２）「ならし保育」の期間に信頼関係を深める

　一度の入園時面談だけでは十分な子どもの把握ができないことも多い。一日の保育時間が長い保育所では，徐々に集団生活に慣れ親しんでいくための「ならし保育」期間が設けられている。初めての保護者分離への子どもの不安や子離れに不安に感じる保護者にとって，短時間からの親子分離の練習は，精神的

166 第15章 子ども家庭支援と保育者の専門性

に助かる。この期間を利用して，保育者は，子どもの個性，授乳や食事に対する意欲・関心，食べ方，友だちや遊びに関する興味，排泄の間隔や状態，睡眠のとり方や時間などについて，ゆったりと保育しながら保護者と意見交換をして，子どもを丸ごとつかむ期間にする。同時に保護者の保育所等への思いやねがいも理解する期間とする。緩やかに保護者支援が始まり，家庭と保育所等の連携がいかに大切かを双方が理解し信頼関係も芽生える。

3）保護者のねがいをどのようにとらえるか

保育所や幼稚園等には，多様な保護者がいる。子育て状況の違いや保育に対する期待もさまざまななか，保護者たちとの連携や対応に悩む保育者は多い。子どもの保育は楽しくておもしろいと感じて努力を惜しまない保育者も，保護者対応は苦手となってしまっては，真に子どもの成長・発達を保障することにはならない。

保護者は誰もがわが子に対するねがいをもっている。「わが子が幸せになってほしい」これは，保護者のねがいをシンプルに表現したものである。保護者実態のなかには，子どもの幸せを考えているとは思えない姿を見せる保護者も存在する。虐待やネグレクト，子育てに無気力な保護者，仕事が忙しく余裕がなく子どもにしっかり関われないと悩む保護者。しかし，保護者の誰もが根底には「わが子が幸せであってほしい」と願っているととらえると，本当の保護者のねがいがみえてくる。

（3）支援を必要としている家庭・保護者

「子どもなんてどうなってもいい」と放置しているかにみえる保護者も実際は，自分を責め苦しんでいることの方が多く，どうしたらよいか悩んでいることも多い。相談できる相手や困ったときに応援が頼める存在は，保護者にとって大きなちからとなる。

「虐待はいけない」とわかっていても「虐待」を止められないでいる保護者もいる。問題の根は，保護者自身の育ちの過程にあり，自らも親から暴力を受けたり，言葉で抑えつけられたりして育った共通点をもっていることが多い。虐待の連鎖をどこかで食い止める必要があるが，それが可能となるのは保育所等のもつ特異性である。保育所等だけで可能と過信しないで，児童相談所や地

域の専門機関や町内会などとの連携をもつ努力は欠かせないが，保育所等は，子どもが，食べる・眠る・遊ぶなど長時間生活する場所であり，本音を出さざるを得ない居場所であるがゆえに，保育者には，子どもが抱えている問題が浮き彫りになってみえる。着替えや食事のとり方，まわりの子どもたちとの会話や行動などの様子から気に

もちつき大会

かけなければならないことがみえてくるので対策が立てやすい。保護者は，保育所等を介してクラス懇談会や行事（バザーや祭り）を通じて子育て仲間ができたことに喜びを感じて，人を受け入れられるように変化する。「自分のことをわかってくれる人の存在」が安心感と生きる意欲を育むのである。保護者理解をそのように考えると，どのような保護者とも心を通わせた対応ができるようになる。保護者支援の重要な視点である。

（4）子ども家庭支援のあり方

　保育者は，入園時の面談で傾聴した内容（保護者の期待や要望）を受け止めて，保護者とともにそれを実行するように心がける。保護者との意見の相違も出てくるが，まずは保護者の意見を尊重する態度で対応すべきである。子どもにとっての善し悪しについて一緒に考えていく姿勢が保育者には求められる。結論は保護者自身が出すのであり，それも含めて尊重できる保育者であろうとする努力が必要となる。一緒に学ぶ機会（子育て講演会など）をつくる，他の保護者との意見交流の場をつくって考える機会など，それらを用意することが保育所等や保育者の保護者支援のあり方である。保育者は，正しい子育て方法を教えようとするのではなく，保育によって，子どもが変化し成長する姿を保護者とともに喜び合い共感する機会を重ねて，保護者自ら子どもに必要なことは何かを理解し，子育てを振り返るように変化していくように支援していきたいものである。

（5）子育て力の低下

　日本の子育て力の低下が問題にされるようになって久しい。その主な原因としてあげられてきたのは，核家族化の進行である。子育て経験をもつ家族が同居していれば，日常的に援助や助言が受けられるが，夫婦と子どもだけの世帯やひとり親家庭では援助や助言が受けられず「子どもをどう育てたらいいかわからない」と，子育ての不安が増幅してしまう。孤立した家庭のなかで，日々さまざまな姿を見せるわが子を抱えて悩みは尽きない。今日ではこのような家族形態が一般的になってきているため，それを支援する制度が必要になってきている。これらの制度を上手に活用して子育てが辛くならないように支えることが目的となって，実施にあたりその工夫が求められている。例えば，子育て支援センターと園庭開放があげられる。

1）子育て支援センター

　全国的に，どのような町にも設置され，子育て中の保護者が子ども連れで利用している。そこには同じような子どもと一緒になって遊ぶ場が提供されており，子どもに合った玩具や遊具，絵本が用意されている。専門家として保育者も配置されて，保育相談もできる。子育て中の保護者にとって大いなる支援の場所である。

2）園庭開放

　保育所や幼稚園等では，日々の保育に支障のない程度に地域の子育て中の保護者と子どもを対象に園庭やホール，夏場にはプールを開放している。利用者は，同年齢の子どもたちの見学ができ，子育てのヒントとなることを得られる。食体験をする機会を設ければ，具体的な離乳食や給食の内容や形態・量がわかって子育てに生かすことができる。

（6）保護者と保育現場（保育者）でつくる教育環境

　保護者にとって保育所や幼稚園等の保育現場（保育者）は，子育てのよきアドバイザーである。子どもの発達に関する問題，友だち関係，食事や睡眠や遊びについてなど，子育ての悩みは尽きない。その悩みを日々保育所等に子どもを通わせながら相談できるのは保護者にとってこよなくありがたい。保育所等もまた，子どものよりよい発達保障のためには保護者との連携なしにはなし得

ない。

　互いに子育てのよきパートナーとして認め合える信頼関係が生まれると，保護者は安定した子育てができ，保育者も保護者の協力の下で保育が活発にできる。子どもには，自分の親と保育者の仲のよい関係は，最もよい教育環境といえる。子どもが，家庭でも保育所等でも，安心感をもって自分を精一杯表現しのびのびと生活する。この姿は，正しく「育つ権利」「幸せに生きる権利」が保障される環境といえる。

3．保育現場における子ども家庭支援の実際と保育者の専門性

（1）子どもの成長・変化の共有

　保育のなかで子どもが変化し成長する姿をみて保育者は感動し，その感動を保護者に伝えたいと思う。喜びが溢れる報告を受ける保護者は感激して受け止める。保育の喜びはここにあり，保育者の子どもへの熱い思いに満ちた報告を保護者と共有できたとき，子どもを真ん中に保護者と保育者は連帯できる。乳児期子どもは日々成長し変化する。初めての寝返り，初めての這い這い，初めてのひとり立ち，初めての歩行，初めての離乳食，初めての排尿の成功など，どんな変化もその子どもの人生初の出来事。そのような場面に出会えた保育者の喜びや感動に満ちた報告に，保護者は仕事の疲れも癒されてしまう。保護者から家庭での子どもの変化など体験した事柄などを聞いた保育者は，子どもの成長を確かめられた喜びをあらためて保護者に伝える。この共感関係が子どもの成長を促すのである。子どもの成長・発達をどう伝え合うかが問われる。

1）具体的な実践

a）朝夕の送迎時の対応

　「おはようございます」の元気な声で子どもと保護者を迎える朝。子どもの体調に変わったことはないか，食欲はどうか，睡眠はしっかりとれたかなど短い会話であるがこれから始まる一日の保育にとって貴重な対話。「お帰りなさい」明るい笑顔でお迎え時間の保護者との対話。体調のこと，食欲のこと，夢中になった遊びのこと，友だちとの関係（トラブルも含め）など一日の出来事を伝える時間として大事にしたい。保護者はどんなに短い会話であっても心が

なごむ気分になれる。そして子どものことが一層愛しく思えるようになる。

b）連絡ノート

保育所や幼稚園等での子どもの様子，家庭での子どもの様子を双方で伝え合う連絡ノートは，保護者と保育者を結ぶ保育の架け橋。

連絡ノートにはさまざまな形式がある。乳児には連絡ノートは必須であるが，年齢が上がるにつれて簡単なものになったり，自由形式になったりする。乳児の保育に欠かせない記録は，「授乳・離乳食」の時間と量，「睡眠」の就寝時間と起床時間，「排泄」の回数とその内容。この記述は，子どもの体調を知るうえでとくに大切で，保護者との緊密な協力の下で交わされる。ノートの記述を手がかりに，その日の保育や子どもへの配慮と対応が明確になる。保護者は夕方仕事を終えて迎えに来ると保育所等でのわが子の一日を連絡ノートによって知ることができて安心感を抱く。担当の保育者とは，勤務体制によって会えないことがあるので，この連絡ノートの存在は，帰宅した後の子ども対応のヒントになりエールとなる。子どもにとっては，家庭と保育者との緊密な連携

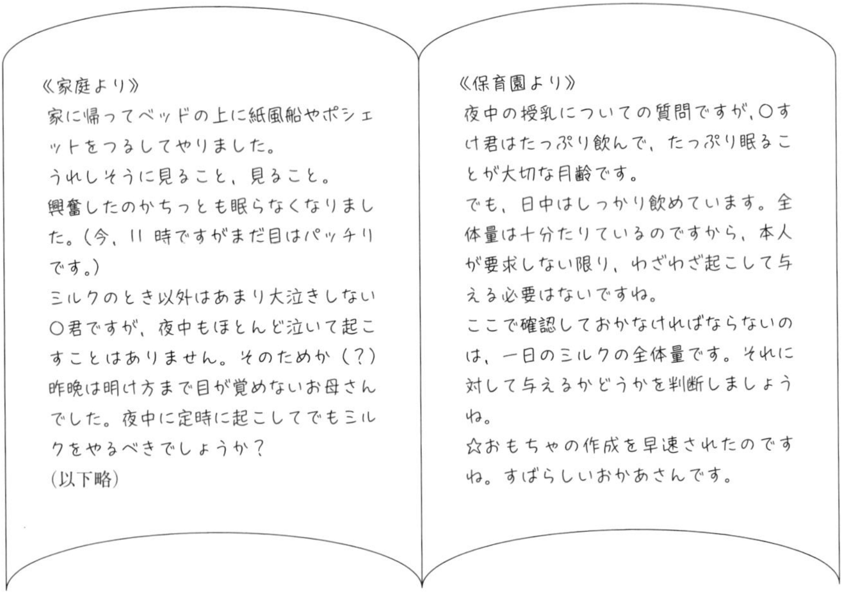

《家庭より》
家に帰ってベッドの上に紙風船やポシェットをつるしてやりました。
うれしそうに見ること，見ること。
興奮したのかちっとも眠らなくなりました。（今，11時ですがまだ目はパッチリです。）
ミルクのとき以外はあまり大泣きしない〇君ですが，夜中もほとんど泣いて起こすことはありません。そのためか（？）昨晩は明け方まで目が覚めないお母さんでした。夜中に定時に起こしてでもミルクをやるべきでしょうか？
（以下略）

《保育園より》
夜中の授乳についての質問ですが，〇すけ君はたっぷり飲んで，たっぷり眠ることが大切な月齢です。
でも，日中はしっかり飲めています。全体量は十分たりているのですから，本人が要求しない限り，わざわざ起こして与える必要はないですね。
ここで確認しておかなければならないのは，一日のミルクの全体量です。それに対して与えるかどうかを判断しましょうね。
☆おもちゃの作成を早速されたのですね。すばらしいおかあさんです。

図15-1　連絡ノートの例

のおかげで保育所等でも家庭でも快適に過ごすことができるのである。

c）クラスだより

連絡ノートは個人用の個人記録であるが，クラスだよりはクラス全体の子どもの様子や遊びや活動，またクラス全体の保護者へのお知らせやお願い事項など担当保育者が保護者に伝えたいことを必要に応じて書いて発行するクラスの記録である。どんなクラスか，クラスの子どもたちはどんなことを考え，何に挑戦しようとしているのか，クラスの課題などの記述によって，わが子がどんなクラス集団のなかで過ごしているのかが理解できる。保育者の保育に対する考えや子どもたちへの思いが伝わるおたよりは仕事と子育ての両立で多忙な保護者を励ますものとなる。毎日，週1回，月1回の発行などさまざまである。

d）園だより

保育所や幼稚園等で園全体の保護者に伝えるおたより。保育所等から保護者に伝えたいメッセージや行事の日程の予告，保護者に協力を求めたいことや注意を呼びかけたいことなど，内容は記述する人によって書く視点もさまざまである。月1回の発行が多い。現代らしく同じような趣旨で園だよりを電子版で発行する施設もでてきている。各園のホームページで開示しているところも多い。

e）個別懇談

保育者は，子どもの実態のよい面や課題も把握できている。次への成長を促すために時間を確保して保護者とじっくり話し合いたいときに実施される。子どもの園の様子，家庭の様子について交換し合って，子ども理解を深める機会となる。ここでも保育者は，しっかり共感的に聞く態度が求められる。子どものことを話す場であったのに保護者の悩みを聞く場に変化することもあるが，それも含めて子どもの家庭事情を把握できる機会になる。個人的な悩みも出せた保護者は，保育者への信頼を高めることとなり，子どものさらなる成長・発達の糸口がみつかることにもなり得る意見交換の場となる。

f）クラス懇談会

クラスの保護者全体でクラスの子どもたちの成長した様子を保育者から報告を受ける，またビデオ鑑賞でクラスの子どもの成長・変化を確認する。保育者からクラスの状況や課題を聞き，保護者として考えなければいけないことにも

気づく機会となる。基本は，クラスの子どもたちの発達をみんなで喜び合うことに重点をおきたい。同年齢の子どもをもつ保護者同士のつながりをつくり，同じ子育て仲間として互いに相談し合うことができて子育ての辛さが消える。保護者同士のつながりが深まって，励まし合う関係が築けることを目標にしていきたい。保護者同士の連帯感がもてるようになるとクラスがまとまり，子育てがより楽しくなる。

g）保育参観

・プール参観：夏の遊びとしては，魅力いっぱいの水遊び。

　毎日のようにプール遊びに興じると，水の中で自由自在にさまざまな動きを楽しむ子どもの様子は，見る保護者も喜ばせてくれる。

・クラスの保育参観：日常のクラス集団のなかのわが子を見ることができ，家庭では見られない姿を発見したり，友だち関係なども知り得る子ども理解の機会となる。気になったことについて，保育者に具体的な相談ができる機会ともなる。

・給食参観：保育所等の「給食」は，子どもがとるべき一日の栄養摂取量の2分の1を提供することになっており，栄養士が献立を立てる。野菜がふんだんに入っている給食を好まず，濃い味付けのものをとってきた子どもには「薄味」の給食は気に入らない。「家でも野菜を上手に食べさせましょう」や「薄味が健康的です」と伝えるのではなく，まずは実際に保育所等給食の体験（試食）を行う給食参観を設けて，食材の種類や味付けを実際に食べて感じてもらう。そのうえで栄養士による保育所等の離乳食や給食・おやつの提

プール遊び

離乳食試食会

供に際して大切にしていることを学び，家庭の食事づくりや家庭の子育てに役立ててもらう。また，「クッキング保育」を子どもたちに体験させて，苦手な野菜も友だちみんなでつくると「おいしい」と口にするようになるという保育者の報告を受けて，「バランスよく食べる」ことに気持ちを向けてもらえるようになる。

食べることを通じて，保育所等に通わせていることに安心感と信頼を寄せ，保育者と一緒に子どもを育てていく意欲を高めることにつながる。

h) 行事を通じて子育て支援

保育所等には，年間通じてさまざまな行事がある。保護者と一緒に子どもたちの成長を喜び合う絶好の機会である。子どもたち一人ひとりを主人公にしたい（＝公平・平等）という保育所等や保育者の理念が，最も集約された形で保護者に伝わる。子どもたちが精一杯自分の力を出してがんばる姿に感動する保

入園式

運動会

卒園式

巣立ちの日

さまざまな園行事

護者。子育ての楽しさや喜びを存分に味わうことができる機会となる。

i）保護者会活動

保護者会はさまざまな職業に就き，多彩な能力をもった大人の集まりであるが，一人ぼっちの保護者をつくらないという視点に立って活動を展開していくと，保護者同士のつながりが広がり深まって子育て仲間ができる。人との関わりに苦手意識があった人も保護者同士の援助や助言が嬉しいと感じて，子育てが楽しくなり，困ったときの助け合いも可能となる。子どもたちのためにも「保護者同士のつながり」をつくることは保育所等や保育者の役割である。

（２）障がいのある子をもつ家庭への支援

保育所等には，入園児童のなかに発達障害のある子どもが存在する。すべての子どもに発達する権利，教育を受ける権利があることを保育者は常に念頭におきながら保育をしなければならない。この基本的な考えをもって保護者支援をすることが大切である。その子どもの対応に悩むことはあっても「困っている」とは決して言わない。子ども本人を深く理解したい，今後の成長を促すために，専門機関の援助を保育者として受けたいときには，その旨を保護者に伝えて協力を願い出る。最終的な判断は保護者に委ねる。

（３）その他の子ども家庭支援

１）一時預かり保育

子どもを預けるための理由は全く問わない制度。保護者の病気や病院通い，リフレッシュ，冠婚葬祭，里帰り出産，保育所等に入れなかった待機児童も保育を受けることができる。子育てに疲れを感じている保護者には，この制度は大変助かる。子どもにとっても，家庭のなかで過ごすより子どもに適した玩具や遊具が整っていて快適であり，保育所等の子どもたちからいい刺激を受けて元気に育つ場となる。わが子の元気に過ごす様子をみて，預けることに不安のあった保護者も安心感をもつ。24時間緊急一時保育もある。

２）延長保育

通常の保育（＝11時間の標準時間）では，仕事や通勤の関係でお迎え時間に間に合わない家庭が申請して保育所等に申し込む保育制度。共働きやひとり

親家庭が増えるなかでは，子どもの送迎を手伝ってもらえる人がいないので働き続けるために必要な制度である。夕方の保育としてゆったり過ごせる室内環境と人員配置が求められる。1・2・4・24時間型の延長保育制度がある。

3）病児保育

入園したものの保育所等では，集団保育のなかで感染症などの病気が流行すると，仕事が休めない保護者は大変困惑する。そのようなときに利用して預けることができる制度である。医師の診察と診断により看護師も配置された環境で保育を受けることができる。保護者には，緊急的な支援の場所となる。

4）地域子育て支援

保育所等の役割（＝社会資源）として地域の子育て中の保護者支援も大事であると位置づけられている。保育所等のもつ専門性を発揮した，子育てに役立つ発信や子育て相談，遊び場と遊びの提供，手作りおもちゃの作成などは保護者への子育て支援となる。保育所等で開催する行事や園庭開放，夏場のプールの開放，人形劇の観劇などにも参加して，保護者も子どもも大事なリフレッシュとなる。子育て講演会や離乳食学習会など保育所等のもつ得意な分野を地域の子育て中の保護者に提供することは，現在の日本の子育てにとっても重要である。

プール開放

母親離乳食学習会

地域子育て支援

終章 子ども家庭支援の究極の目的とは何か

1. 子ども家庭支援の実践における視点

　前章までにふれてきたように，子どもにとって一番身近な環境であり，成長・発達のうえで欠かせない養育の場としての「家庭」は，今日，その機能を低下させ，さまざまな生活課題を抱えていることがわかった。

　あらためて「家庭」の役割とは何かを，内閣府の「国民生活に関する世論調査」(2019年) からみてみると (図終-1)，「家族の団らんの場」「休息・やすらぎの場」であるとの回答が常に上位を占めている。しかし，現代の子どもたちにとって，「家庭」が「家族の団らんの場」となり得ていると言い切れるであろうか。答えは否であろう。そうあってほしい，そうあるように日々の生活が営まれていると言った方がよいのではなかろうか。

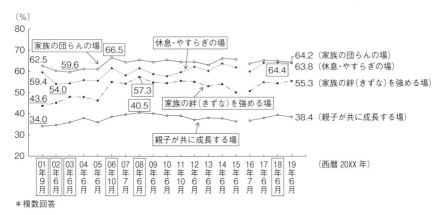

図終-1　家庭の役割 (上位4項目，時系列)

(内閣府「国民生活に関する世論調査」，2019より)

178 終章　子ども家庭支援の究極の目的とは何か

　そうであればこそ，保育者は日々の子どもや親との関わりのなかで，子ども
や「家庭」のリアリティを正しく把握，理解し，ニーズをキャッチすることが
求められる。そのために重要なのが，「家族」の多様性を理解し，ジェンダー
平等の原則に立った実践である。子ども家庭支援は，「家族」をまるごと受け
止めることから始まるのである。

2.　ソーシャルワークと「家族」の多様性，ジェンダー平等

　子ども家庭支援の実践においては，子どもや「家族」の抱える生活課題を解
決・緩和するためにソーシャルワークの技法を活用することが重要となる。と
くに「気づく」「つなぐ」「見守る」といったソーシャルワークの基礎技法が求
められる。保育所であれば，日常の子どもや親との関わりのなかから何かある
なと「気づく」こと，それを主任保育士や所長に報告し，必要に応じて保育所
から関係機関に「つなぐ」こと，保育所では子どもの様子をよく観察するとと
もに，親からの相談に応じたり，親の気持ちに寄り添ったりして「見守る」こ
と，このような支援が必要である。さらに，他の専門機関との協力・連携の
下，一人の保育者，一つの施設で抱え込まない支援体制の構築も急がれる。

　ソーシャルワークの実践では，「家族」の多様性を尊重する態度を重視する。
「家族」だけではなく，国や地域，人種，障がい，文化，性等の多様性の尊重
は，国際ソーシャルワーカー連盟（IFSW）によるソーシャルワークの国際定
義においても強調された考え方である。

　「家族」の多様性がもつ“かたち”と“機能・役割”の2側面の特徴を，現
場で働く保育者はもちろん，社会に生きる一人ひとりがしっかりと受け止める
意識の広がりが求められよう。

　また「性」の多様性とともに，ジェンダー平等についての関心や認識は広が
りつつあろう。しかし，制度的，物理的な取組みに残された課題は多い。例え
ば，男性の育児休業取得率の低さや男性トイレのおむつ交換台の未普及，女性
の管理職の割合の低さなどである。

　日常の保育や援助のなかで，「家族」の多様性とジェンダー平等の視点に立
った子ども家庭支援のソーシャルワーク実践がなされているのか，もう一度確
認されたい。

3．幼児教育・保育の無償化と子ども家庭支援

　2019（令和元）年10月から「幼児教育・保育の無償化」が始まった。これは，「家族」における子育てという営みの意味と位置づけの変化を予感させる。

　幼児教育・保育の無償化の内容としては，①原則全世帯の3〜5歳の子ども，低所得世帯の0〜2歳の子どもが対象となる，②認可保育所，認定こども園，一部を除く幼稚園の保育料が原則無料化される，③認可外の保育施設や私立幼稚園の一部などが補助の対象となることなどである。

　この無償化の動きに関しては，未園児と在園児の両者にとって問題が指摘されている。未園児については，いわゆる保育所の待機児童問題が大きい。厚生労働省によると，2019（平成31）年4月の待機児童数は全国でおよそ1万7千人弱とされている。国は待機児童解消のための取組みを進めているが，無償化は保育所の利用を希望する「家庭」の増加をもたらすと予想されている。一方で，無償化により，とくに低所得世帯による保育施設の利用が促されることによって，不適切な子育てを防いだり，子どもの健全な社会的発達を促したりすることができるとの期待もある。

　在園児については，子どもの安全と保育の質の保障いう問題が大きい。幼児教育・保育の無償化は，「子育てを委ねる」側の「家族」の身体的・精神的・経済的負担の軽減を促すが，「子育てを委ねられる」側の保育所等の保育士の処遇や労働環境の改善には必ずしもつながらず，保育の質の保障が危惧される。

　「子育て」という営みをめぐる「家族」と「保育所等」との関係は，今後大きく変化するものと考えられよう。その意味で無償化が，当事者ともいえる保育士にとって，「子育て」とは何か，子ども一人ひとりにとっての「家族」とは，「家庭」とは何かを問い直す契機となり，それがよりよい実践につながるものと信じたい。

4．子どもの "Life" 保障と子ども家庭支援

　これまでの子どもや「家庭」への支援は，「生活」上の課題について着目し，その解決・緩和のための取組みとして行われてきた。しかし，今日，子どもや

「家庭」をめぐる課題や問題は，子ども虐待問題のように，子どもの「生活」だけではなく，虐待を受けたことの深い心の傷が大人になっても癒えず，その人の「人生」にまで影響を及ぼすこともある。さらに，凄惨な虐待行為によって幼い「生命」が奪われることも相次いでいる。

　このように，子ども家庭支援の取組みは子どもや親の「生活」のみに着目した支援では十分とはいえず，子どもの"Life"保障が子どもの権利を保障することであるとの認識が求められるようになっている。もちろんここでいう"Life"とは「生命・生活・人生」を含意する。

　2016（平成28）年には児童福祉法の大幅な改正が行われている。第1条の児童福祉の基本原理に関する規定が見直され，子どもの権利条約が法の理念として据えられた。これは，児童福祉法に基づいた支援が，子どもの権利保障，つまり子どもの"Life"の保障をめざすことを確認したものといえよう。

　またこの法改正では，第3条の2で「家族」の分離を防ぐための保護者（「家族」）への支援や，すべての子どもを養子縁組や里親を含む「家庭」で育てる「家庭養育優先原則」が明記された。これは，子どもの"Life"保障を「家庭」という環境に委ね，その実現のための社会的な支援，つまり子ども家庭支援の充実を図っていくというものである。ここで重要なことは，支援に際しては「家族」と同様に「家庭」の多様性への理解が求められるということである。また同条は，社会的養護が必要な子どもの代替的な養育環境について，「家庭における養育環境と同様」，「できる限り良好な家庭的環境」としている。ここでいう「家庭」が，小規模だとか里親だとかいう"かたち"以上に，子どもをしっかりと受け止め，発達段階に寄り添ったケアを行う環境として"機能"するかが，子どもの"Life"保障における課題となろう。

　地域においても，子育てという営みや「家族」が抱える生活課題を，「家族」の自己責任として安易に自助努力とするのではなく，社会全体で「家族」を支えるための「気づく」「つなぐ」「見守る」実践による「地域共生社会」の実現が求められている。

　以上のことから，「家族」の多様性やジェンダー平等に対する無理解・無関心を払拭する努力を続け，子どもの"Life"を保障することこそ，子ども家庭支援の究極の目的といえるのではないだろうか。

索　引

A-Z

DV	3, 16, 107
DV防止法	109
LGBT	11
Nobody's Perfect	154
UNESCO	49
UNICEF	13

あ

アウトリーチ	80, 148

い

家制度	42, 45, 64
イギリス（子育て支援）	152
育児休業	13, 72, 152
育児パッケージ	155
育児放棄	144
イクメン	46, 72
依存症	143
一時預かり保育	174
一時保護	106, 122
居場所	8, 121, 125, 133, 144

う

うつ病	143

え

園だより	171
延長保育	174
園庭開放	168

お

沖縄の問題	52
親ペナルティ	88

か

加害者（虐待・DV）	35, 111
核家族（化）	4, 23, 24, 30, 43, 168
核家族世帯	30
拡大家族	4
家事・育児時間	13, 85, 150
家族	2, 130
家族観	39
家族規範	39, 43
家族的責任を有する労働者条約	151
家族の多様性	4, 8, 178
家族の役割	8
家庭	2, 130, 177
カナダ（子育て支援）	153
仮親	20
感情障害	143

き

気分障害	143
虐待死	35, 103, 116
虐待通告	116
給食	172
行事	173
近代家族	18, 43

く

クラス懇談会	171
クラスだより	171

け

結婚	9, 41, 44

こ

合計特殊出生率	156
国際セクシュアリティ教育ガイダンス	49
国際連合児童基金	13
国連女性差別撤廃委員会	45
子育て家庭の貧困	34
子育て支援	93, 151
子育て支援策	87
子育て支援センター	168
子育て世代包括支援センター	94, 159
子育てによる社会的不利	89
子ども・子育て支援制度	76
子ども家庭支援センター	123
子ども家庭総合支援拠点	94
子ども虐待	16, 35, 102
子供の居場所創設事業	125
子どものいる世帯	30
子どもの権利	161
子どもの権利条約	17, 48, 74, 164, 180
子どもの貧困	15, 52, 114
個別懇談	171
婚外子	10, 44

さ

再婚	11
在宅支援共通アセスメント・プランニングシート	95
里親	115, 123, 124
サリバン先生	138
産後うつ	143
参政権（女性）	64
三世代世帯	32, 71

し

ジェンダー	5, 11, 13, 65
ジェンダー平等	5, 86, 88, 89, 178
叱り方	137
事実婚	45
自傷行為	137
しつけ	16, 24, 105, 111
児童家庭支援センター	123
児童虐待防止法	104
児童相談所	106, 117, 126
児童の権利に関する条約	

⇒子どもの権利条約
児童福祉法
　　　　92, 129, 130, 163, 180
児童福祉六法　　　　　　75
児童扶養手当　　　　　119
社会的性役割　　　　11, 13
社会的養護　　　　114, 120
シュア・スタート　　　153
就業規則　　　　　　　83
主観的家族観　　　　　43
主婦　　　　　　　　　22
「主婦」化　　　　　　26
主婦の大衆化　　　　　24
受容のプロセス（障害）134
障害　　　　　　　　　128
障害種別　　　　　　　128
障がいのある子
　　　　　　128, 130, 174
障がいのある子を受容する
　　プロセス　　　　　134
生涯未婚率　　　　39, 71
障害理解　　　　　　131
少子化社会　　　　　　71
ショートステイ　　　　122
女性差別撤廃条約　43, 151
女性の社会参加の保障　161
女性の貧困（化）　27, 118
進学率　　　　　　　62
シングルマザー　　　　10
親権　　　　　　16, 119
人権　　　　　　　　47
申請主義　　　　　　78
身体的虐待　　　104, 117
心理的虐待　　　104, 117

す
ステップ家族　　　　4, 11
ステップファミリー　4, 11

せ
精神疾患　　　　140, 142
精神障害　　　　140, 142
精神保健福祉法　　　142

性的虐待　　　　104, 117
性的少数者　　　　　　11
性別職域分離　　　　　63
性別役割分業
　　　　13, 43, 84, 88, 111
セクシュアリティ　　　11
セクシュアル・マイノリティ
　　　　　　　　　　11
世帯　　　　　　　30, 39
絶対的貧困　　　　　113
専業主婦世帯　　　　　88
選択的夫婦別姓　　　　45

そ
躁うつ病　　　　　　143
早期ケアの場　　　　　98
双極性感情障害　　　143
送迎時の対応（登園・降園）
　　　　　　　　　　169
相対的貧困　　　113, 114
相対的貧困率　　　34, 53
ソーシャルワーク　　178
育てにくさへの関わり方136

た
待機児童問題　　　　179
第三号被保険者制度　　28
体罰　　　　　106, 111
他害行為　　　　　　137
ダブルケア　　　　　45
男女間賃金格差　　　　84
男女共同参画　　　62, 151
男女共同参画社会　61, 68
男女共同参画社会基本法
　　　　　　43, 46, 61
男女雇用機会均等法
　　　　　27, 63, 151
男性保育士　　　　　89

ち
地域子育て支援　99, 175
地域子ども・子育て支援事業
　　　　　　　　　　76

地域の関係機関　　　94
父親役割　　　　　19, 87
チャイルドペナルティ　89
懲戒権　　　　　　　16

て
低賃金問題　　　　　54

と
等価可処分所得　　　114
東京都子供への虐待の防止
　　等に関する条例　106
統合失調症　　　　　143
同性婚　　　　　　　4
特別休暇　　　　　　83
ドメスティックバイオレンス
　　　　　　　　　⇒DV
共働き世帯　　　　26, 32

な
ならし保育　　　　　165

ね
ネウボラ　　　　　　155
ネグレクト 95, 104, 117, 144

は
配偶者等からの暴力　107
配偶者暴力相談支援センター
　　　　　　　　　　109
8050問題　　　　　125
母親ペナルティ　　　88
母親役割　　　　87, 111

ひ
被虐待児童　　　　　106
非正規雇用　　　　　54
ひとり親家庭　　　　72
ひとり親世帯　　　　34
病児保育　　　　　175
貧困線　　　　　　34
貧困率　　　　　34, 53

索　引　*183*

ふ

ファミリー・リソース・
　プログラム　*154*
フィンランド（子育て支援）
　155
フォスタリング機関　*123*
父子世帯　*72*
フランス（子育て支援）*156*

へ

ヘレン・ケラー　*138*

ほ

保育参観　*172*
保育士　*92*
保育士資格の法定化　*163*
保育者の専門性　*163*
保育所保育指針　*92*
法律　*74*
法律婚　*10, 45*
暴力のサイクル　*108*
保護者会活動　*174*
保護者支援　*164*
保護命令制度　*110*

母

母子家庭　*118*
母子世帯　*34, 72*
母子保健法　*73*
褒め方　*137*

ま

マルトリートメント　*104*

み

未園児　*179*
未婚者　*44*
未就園児　*16*
民法改正　*45, 64*

む

無園児　*16*
無国籍児　*11*
ムレネー（守姉）　*21*

め

面前DV　*16, 117*

や

ヤング・ケアラー　*146*

ゆ

ユネスコ　*49*

よ

養護　*98*
幼児教育・保育の無償化 *179*
要保護児童対策地域協議会
　95, 98

り

リフレッシュ休暇　*82*
良妻賢母　*23*

れ

連絡ノート　*93, 170*

ろ

労働者派遣法　*28*

わ

ワーク・ライフ・バランス
　46
ワンオペ育児　*68, 150*

〔編著者〕　　　　　　　　　　　　　　　　　　　（執筆担当）

浅井春夫　　立教大学名誉教授　　　　　　　　序章，第8章
所　貞之　　城西国際大学福祉総合学部教授　　　第1章，終章

〔著　者〕（五十音順）

石川幸枝　　愛児福祉会常務理事　　　　　　　　　　第15章
艮　香織　　宇都宮大学教育学部准教授　　　　　　　第4章
大澤朋子　　実践女子大学生活科学部専任講師　　　　第14章
岡　桃子　　立教大学コミュニティ福祉学部助教　　　第6章
片岡志保　　日本福祉大学福祉経営学部助教　　　　　第3章
酒本知美　　日本社会事業大学通信教育科講師　　　　第13章
島袋隆志　　沖縄大学法経学部准教授　　　　　　　　第5章
鈴木　勲　　会津大学短期大学部講師　　　　　　　　第7章
畑　千鶴乃　鳥取大学地域学部准教授　　　　　　　　第9章
早川悟志　　児童養護施設子供の家施設長　　　　　　第11章
茂木健司　　江戸川区子ども家庭部　　　　　　　　　第10章
結城俊哉　　立教大学コミュニティ福祉学部教授　　　第12章
吉葉研司　　名古屋学芸大学ヒューマンケア学部　　　第2章
　　　　　　教授

子ども家庭支援論
―家族の多様性とジェンダーの理解―

2019年（令和元年）11月15日　初版発行

編著者	浅　井　春　夫	
	所　　　貞　之	
発行者	筑　紫　和　男	
発行所	株式会社 建　帛　社	
	KENPAKUSHA	

112-0011　東京都文京区千石4丁目2番15号
TEL（03）3944－2611
FAX（03）3946－4377
https://www.kenpakusha.co.jp/

ISBN 978-4-7679-5118-8　C3037　　　　　萩原印刷／愛千製本所
©浅井春夫・所　貞之ほか，2019.　　　　　Printed in Japan
（定価はカバーに表示してあります）

本書の複製権・翻訳権・上映権・公衆送信権等は株式会社建帛社が保有します。
JCOPY 〈出版者著作権管理機構　委託出版物〉
本書の無断複製は著作権法上での例外を除き禁じられています。複製される
場合は，そのつど事前に，出版者著作権管理機構（TEL03-5244-5088，
FAX03-5244-5089，e-mail：info@jcopy.or.jp）の許諾を得て下さい。